Süßes aus Wien

Ob als feines Dessert oder als süßes Hauptgericht, ob zum Frühstück, zum Kaffeekränzchen oder als krönender Abschluß eines Festes – Wiener Mehlspeisen schmecken zu allen Tageszeiten und kommen garantiert immer an.
Aus einfachen Zutaten wie Eiern, Butter, Mehl, Zucker, reifen Früchten und duftenden Gewürzen bereiten Sie ganz leicht die Wiener Spezialitäten und beliebten Klassiker zu. Lassen Sie sich von den Rezepten der folgenden Seiten überzeugen und verführen.
Habe ich Ihnen nun Lust auf Süßes gemacht? Dann wünsche ich Ihnen, Ihren lieben Gästen und Ihrer Familie guten Appetit!

W0363910

Die Farbfotos gestalteten Odette Teubner und Dorothee Gödert.

INHALT

Süßes mit Tradition

In der Wiener Mehlspeisküche spiegelt sich ein Stück Kultur- und Völkergeschichte wider. Arabische, englische, französische, italienische, polnische, spanische, tschechische und ungarische Bezeichnungen zeugen vom jahrhundertealten Austausch zwischen den verschiedenen Völkern.
Die arabische Vorliebe für Süßes dürfte im 12. Jahrhundert in Wien übernommen worden sein, als sich einige Babenbergerherzöge mit byzantinischen Frauen verheirateten. Zur Zeit Maria Theresias stieg die Nachfrage nach Süßigkeiten stark an. In der Folge wurden die Hofzuckerbäcker vor allem durch ihre außergewöhnlichen Leistungen für den jährlichen Hofball berühmt. Für rund 3000 Gäste stellten sie Torten, Feingebäck, Eis und rund 1000 Kilogramm »Hofzuckerln« her.
Die Beliebtheit der Süßigkeiten machte auch vor dem Bürgertum nicht halt. Was vorher die fürstlichen Tafeln schmückte, wurde im 19. Jahrhundert durch die Zuckergewinnung aus der billigen Zuckerrübe Bestandteil der bürgerlichen Küche. Andere Mehlspeisen sind ehemals bäuerliche Hauptgerichte, oft auch Fastenspeisen, die in kreativer Sparsamkeit entwickelt und später den städtischen Eßgewohnheiten angepaßt wurden.
Aus all diesem entstanden die berühmten Wiener Mehlspeisen, die durch ihren Geschmack, ihre Vielfalt und ihre Einfachheit die Küchen der Welt erobert haben.

Wiener Kaffeespezialitäten

Kaffee wird in Wien nicht nur zum Frühstück oder zwischendurch im Kaffeehaus getrunken. Auch die Mahlzeiten werden am liebsten mit einem Kaffee abgeschlossen.
In einem guten Wiener Kaffeehaus können Sie Billard, Schach und Bridge spielen, Freunde und Geschäftspartner treffen, Zeitungen aus aller Welt lesen und dabei Kaffeespezialitäten und Mehlspeisen genießen. Im Laufe der Jahre haben sich viele Gebäckarten und -formen entwickelt, die einen nicht zu starken Eigengeschmack haben. Sie heben Duft und Aroma des Kaffees besonders hervor.
Die Wiener haben sich als Meister im Erfinden immer neuer Kaffeevariationen erwiesen. Am beliebtesten ist die Melange – eine Mischung aus halb Kaffee, halb heißer aufgeschäumter Milch. Die Kaisermelange stammt aus einer Zeit, als Milch kostbarer als Eier war: Kaffee wird mit einem Eigelb, Honig und Weinbrand verrührt. Ein Brauner ist Kaffee mit wenig Milch, ein Schwarzer ist ein starker, mokkaähnlicher Kaffee ohne Milch. Ein Einspänner ist im Glas servierter Kaffee mit Obers (Sahne), ein Fiaker bedeutet Kaffee mit Kirschwasser oder Rum. Wer eine Schale Gold bestellt, erhält viel Milch mit wenig Kaffee. Der Kapuziner und der Franziskaner haben die Farbe der jeweiligen Mönchskutten und bestehen aus einem kleinen Kaffee mit einigen Tropfen Obers, während der Konsul ein großer Kaffee mit einem Schuß Obers ist. Der Kaffee Maria Theresia enthält Orangenlikör und wird mit Schlagobershäubchen und bunten Zuckerstreuseln garniert. Ein Verlängerter ist ein kleiner Kaffee, der mit heißem Wasser auf das Maß eines großen Kaffees verlängert wird.

Feine Zutaten

Für Wiener Mehlspeisen benötigen Sie nur Lebensmittel, die Sie überall bekommen. Aber beachten Sie bitte: je einfacher ein Gericht ist, desto hochwertiger müssen die Zutaten sein.
Für Mehlspeisen sollten Sie säuerliche Apfelsorten wie zum Beispiel McIntosh, Gloster, Ida-Red, Boskop oder Gravensteiner verwenden. Geschnittene Äpfel sofort mit etwas Zitronensaft beträufeln, damit sie hell bleiben.
Butter gilt als ideales Backfett. Sie können selbstverständlich aber auch Margarine zum Backen verwenden. Harte Butter oder Margarine wird sofort weich, wenn Sie sie mit einem Gurkenhobel in Flöckchen schaben.
Frische Eier, also drei bis zehn Tage alte, schmecken am besten. Wählen Sie Eier von mittlerem Gewicht, das heißt mit Schale zwischen 55 und 65 Gramm pro Ei. Wenn sie leichter sind, können Sie etwas Milch oder Wasser hinzufügen. Wenn die Eier schwerer sind, entweder weniger Flüssigkeit oder mehr Mehl verwenden. Werden mehrere Eier benötigt, schlagen Sie sie am besten einzeln nacheinander in eine Tasse, damit nicht ein schlechtes Ei das ganze Gericht verdirbt.

In einem typischen Wiener Kaffeehaus können Sie während der Zeitungslektüre neben einer Vielzahl von Kaffeespezialitäten die traditionsreichen Mehlspeisen genießen

Das Gefäß, in dem Eischnee geschlagen wird, und das Rührgerät müssen sauber und fettfrei sein, weil sonst das Eiweiß nicht steif wird. Der Eischnee gelingt Ihnen am besten, wenn das Eiweiß nicht zu kalt ist.

Mandeln werden ungeschält oder geschält angeboten, gemahlen, gehackt, gestiftelt oder gehobelt. Wenn Sie die Mandeln selbst schälen wollen, überbrühen Sie sie mit heißem Wasser und drücken die Kerne dann aus der Haut.

Mehl sollten Sie sieben, damit es aufgelockert wird und keine Klümpchen den Backerfolg beeinträchtigen können.

Mohnkörner werden vorwiegend gemahlen als Füllung oder zum Bestreuen verwendet. Gemahlenen Mohn sollten Sie nicht

im Küchenschrank, sondern im Tiefkühlfach lagern.
In den Rezepten wird kein künstliches Vanillin, sondern nur echter Vanillezucker verwendet, den es ebenfalls in kleinen Päckchen zu kaufen gibt. Sie können Vanillezucker auch selbst herstellen: Kratzen Sie eine Vanilleschote aus. Das Mark können Sie für eine andere Süßspeise verwenden. Geben Sie die Schote in ein Schraubglas mit feinem Zucker. Schon nach wenigen Tagen geht das Aroma in den Zucker über.
Gemahlener Zimt ist hellbraun und riecht aromatisch im Gegensatz zu Cassia, einer Zimtart von minderer Qualität.

Zitronen, deren Schale abgerieben werden soll, müssen unbehandelt sein und gründlich heiß abgewaschen werden. Wenn Sie vorne auf das Reibeisen Pergamentpapier drücken, bevor Sie die Schalen abreiben, läßt sich die Reibe mühelos säubern.

Nützliche Küchenhelfer

Die meisten Küchen sind so gut ausgestattet, daß sie ohne weiteres zu Backstuben umfunktioniert werden können. Drei praktische Kleinigkeiten möchte ich dennoch erwähnen:
Da es oft um Zentimeter geht (zum Beispiel beim Durchmesser von Plätzchen) sollten Sie speziell für die Küche ein abwaschbares Plastiklineal anschaffen.
Beim Backen ist ein hitzebeständiges Ofenthermometer hilfreich. Das zeigt Ihnen exakt, ob der Backofen die richtige Temperatur hat.
Größeres Gebäck kann auf dem Backofenrost abkühlen, für kleineres Gebäck sollten Sie sich ein Kuchengitter zulegen.

So gelingt's

Viele Mehlspeisen werden in heißem Fett ausgebacken. Für das Fritieren eignen sich Öl, festes Pflanzenfett oder Butter-

Wiener Mehlspeisen kommen ohne exotische Zutaten aus, aber qualitativ hochwertig sollten die Lebensmittel sein.

schmalz. Dabei ist es wichtig, daß das Fett die richtige Temperatur hat (etwa 180 °). Tauchen Sie einen Kochlöffelstiel erst in Wasser, dann in das Fett. Wenn es leicht zischt und am Stiel kleine Bläschen aufsteigen, können Sie mit dem Ausbacken beginnen. Das Fritiergut immer nur in kleinen Portionen einlegen, da das Fett sonst zu stark abkühlt. Fritierfett sollten Sie nicht öfter als dreimal verwenden.
Für das Wasserbad wird in einen flachen, breiten Topf so viel Wasser gefüllt, daß ein kleinerer Topf darin stehen kann, ohne daß Wasser hineingelangt. Erhitzen Sie dann das Wasser bis knapp unter den Siedepunkt. Im kleineren Topf werden Zutaten zum Schmelzen gebracht oder schaumig gerührt.
Während Sie beim Backen im Umluftherd die Einschubhöhe ganz beliebig wählen und auch mehrere Bleche auf einmal einschieben können, sollten Sie beim herkömmlichen Herd die angegebene Einschubhöhe beachten. Grundsätzlich gilt: Die Mitte des Gebäcks sollte sich in der Mitte der Backröhre befinden. Eine Kuchenform sollten Sie nicht auf den Boden oder ein Blech des Backofens stellen, sondern auf den dafür vorgesehenen Rost.
Die Backzeit hängt von vielen Faktoren ab, wie etwa Herdtyp, Backform oder Raumtemperatur bei der Teigherstellung. Deshalb sollten Sie gegen Ende der angegebenen Zeit immer prüfen, ob das Gebäck schon fertig ist. Bei Kleingebäck genügt der Augenschein: Es sollte nicht zu dunkel gebacken sein. Bei Kuchen und Torten empfiehlt sich die Stäbchenprobe: Stechen Sie ein dünnes Holzstäbchen in die dickste Stelle ein. Wenn am Stäbchen keine Teigreste haften bleiben, ist der Kuchen gar. Sonst lassen Sie ihn noch etwa 10 Minuten backen. Dabei, wenn nötig, die Oberfläche mit Pergamentpapier abdecken.

Wenn am Kochlöffelstiel Bläschen aufsteigen, ist das Fritierfett heiß genug. Dann können Sie mit dem Ausbacken beginnen.

Richtiges Aufbewahren

Mehlspeisen, die heiß serviert werden, schmecken am besten ganz frisch zubereitet. Mit Creme oder Sahne gefüllte Mehlspeisen halten sich im Kühlschrank 1–2 Tage frisch. Unglasiertes Blätter- oder Hefeteiggebäck können Sie 1–2 Tage später noch einmal aufbacken. Kleingebäck wird am besten in einer großen Blechdose mit gut schließendem Deckel aufbewahrt. Empfindliches Gebäck, wie zum Beispiel die zarten Vanillekipferln, sollten Sie lagenweise durch Pergamentpapier voneinander trennen. Verschiedene Gebäcksorten werden am günstigsten getrennt aufbewahrt, da sich sonst Duft und Geschmack übertragen. Wenn Sie nicht genügend Dosen besitzen, können Sie die einzelnen Sorten in Alufolie verpacken.

Topfenpalatschinken

Eine besonders köstliche Art, Pfannkuchen mit Quark zu füllen.

Zutaten für 4 Personen:
Für den Teig:
100 g Mehl
1/4 l Milch
2 Eier
1 Prise Salz
40 g Zucker
4 Eßl. Butter
Für die Füllung:
50 g Rosinen
1 Eßl. Rum
30 g weiche Butter
abgeriebene Schale von 1/2 unbehandelten Zitrone
2 Eier
250 g Topfen (Quark, 20 % Fett)
80 g Zucker
Für den Guß:
1 Ei
1/8 l Milch
1 Eßl. Zucker
1/2 Päckchen Vanillezucker
Für die Form: Butter
Zum Bestäuben: Puderzucker

Für Gäste

Pro Portion etwa:
3000 kJ/710 kcal
24 g Eiweiß · 36 g Fett
74 g Kohlenhydrate

- Zubereitungszeit: etwa 1 1/2 Stunden

1. Für den Teig das Mehl mit 3 Eßlöffeln Milch, den Eiern, dem Salz und dem Zucker verrühren. So viel Milch dazugießen, daß ein dünnflüssiger Teig entsteht.

2. Eine Pfanne erhitzen und gleichmäßig mit 1/2 Eßlöffel Butter einfetten. Ein Achtel bis Zehntel des Teiges mit einem Schöpflöffel hineingießen und die Pfanne dabei schwenken, so daß der Teig auseinanderfließen kann und der Pfannenboden dünn bedeckt ist. Die Palatschinke (den Pfannkuchen) bei schwacher Hitze von jeder Seite etwa 1 Minute goldgelb backen.

3. Auf diese Weise weitere 7–9 Palatschinken bereiten und warm stellen. Wenn der Teig zwischendurch eindickt, wieder etwas Milch darunterrühren.

4. Für die Füllung die Rosinen heiß waschen, trockentupfen und mit dem Rum beträufeln.

5. Die Butter mit der Zitronenschale schaumig rühren. Die Eier trennen, und die Eigelbe unter die Buttermasse rühren. Den Topfen (Quark) und die Rosinen darunterziehen. Die Eiweiße mit dem Zucker steif schlagen und unterheben.

6. Den Backofen auf 200° vorheizen. Eine Auflaufform mit Butter einfetten.

7. Die Füllung etwa bleistiftdick auf die Palatschinken streichen. Die Palatschinken zusammenrollen und quer halbieren. Die Palatschinkenstücke mit den Schnittseiten nach oben, mehr aufrecht stehend als liegend, in die Auflaufform schichten.

8. Für den Guß das Ei mit der Milch, dem Zucker und dem Vanillezucker verquirlen und über die Palatschinken gießen. Die Form in den Backofen (oben) stellen und in etwa 25 Minuten goldgelb überbacken.

9. Die Topfenpalatschinken mit Puderzucker bestäuben und sofort servieren. Dazu paßt Vanillesauce.

Tip!

Für das Backen von Palatschinken sind beschichtete oder schwere Pfannen ideal. Am besten verwenden Sie eine Pfanne nur für diesen Zweck. Nach dem Backen die Pfanne nicht abwaschen, sondern nur mit Küchenpapier auswischen.

Die gefüllten Pfannkuchen sind echte Klassiker, mit denen Sie Ihre Gäste besonders verwöhnen.

Kaiserschmarren

Zutaten für 4 Personen:
70 g Rosinen
1 Eßl. Rum
4 Eier
1/4 l Milch
40 g Zucker
160 g Mehl
1 Prise Salz
50 g Butter
Zum Bestäuben: Puderzucker

Schnell

Pro Portion etwa:
2000 kJ/480 kcal
14 g Eiweiß · 21 g Fett
57 g Kohlenhydrate

- Zubereitungszeit: etwa 30 Minuten

1. Die Rosinen heiß waschen, trockentupfen und mit dem Rum beträufeln.

2. Die Eier trennen. Die Milch, den Zucker und die Eigelbe verquirlen und mit dem Mehl zu einem glatten, dünnflüssigen Teig verrühren. Dann die Eiweiße mit dem Salz sehr steif schlagen und vorsichtig unter den Teig ziehen.

3. In einer großen Pfanne die Butter erhitzen, den Teig hineingeben, etwa 5 Minuten backen lassen und die Rosinen darüber streuen. Sobald die Unterseite fest ist, den Schmarren wenden und bei schwacher Hitze in etwa 5 Minuten fertigbacken. Dabei mit zwei Gabeln in kleine Stückchen reißen.

4. Den Herd abschalten und den Kaiserschmarren kurz ausdämpfen lassen. Auf einer vorgewärmten Platte anrichten und mit Puderzucker bestäuben. Dazu paßt Kompott.

Powidltascherln

Pflaumenmus ist die deutsche Bezeichnung für den österreichischen Namen Powidl.

Zutaten für 4 Personen:
600 g mehligkochende Kartoffeln
125 g Mehl
30 g Grieß
1 Ei
Salz
1 Eiweiß
100 g Powidl (Pflaumenmus)
50 g Butter
3 Eßl. Semmelbrösel
2 Eßl. Puderzucker
Für die Arbeitsfläche: Mehl

Preiswert

Pro Portion etwa:
2000 kJ/480 kcal
10 g Eiweiß · 13 g Fett
78 g Kohlenhydrate

- Zubereitungszeit: etwa 1 1/4 Stunden

1. Die Kartoffeln mit der Schale in etwa 20 Minuten garen, schälen und noch heiß durch die Presse drücken. Die Kartoffeln mit dem Mehl, dem Grieß, dem Ei und 1 Prise Salz zu einem glatten Teig verarbeiten und danach etwa 10 Minuten ruhen lassen.

2. In einem großen Topf reichlich Salzwasser zum Kochen bringen.

3. Den Teig auf einer bemehlten Arbeitsfläche etwa 3 mm dick ausrollen und mit einer runden Ausstechform Kreise von etwa 9 cm Durchmesser ausstechen. Das Eiweiß verquirlen und die Teigränder damit bestreichen. In die Mitte eines jeden Kreises 1 Teelöffel Powidl (Pflaumenmus) geben. Die Teigstücke zu halbmondförmigen Täschchen schließen und die Ränder sorgfältig zusammendrücken.

4. Die Powidltascherln in das kochende Salzwasser geben und etwa 8 Minuten bei schwacher Hitze ziehen lassen.

5. Inzwischen die Butter erhitzen, die Semmelbrösel darin unter Rühren goldbraun braten. Die Powidltascherln mit einem Schaumlöffel aus dem Wasser nehmen, abtropfen lassen und in den Butterbröseln wenden.

6. Die Powidltascherln mit dem Puderzucker bestäuben und sofort servieren.

Im Bild vorne: Powidltascherln
Im Bild hinten: Kaiserschmarren

Erdbeerknödel

Die Knödel schmecken auch mit Heidelbeeren, Himbeeren oder Johannisbeeren. Sie sind besonders bei Kindern beliebt.

Zutaten für 4 Personen:
250 g Quark (20% Fett)
120 g Mehl
Salz
1 Päckchen Vanillezucker
abgeriebene Schale von 1/2 unbehandelten Zitrone
1 Ei
80 g weiche Butter
500 g Erdbeeren
6 Stück Würfelzucker
80 g Semmelbrösel
2 Eßl. Puderzucker
Für die Arbeitsfläche: Mehl

Gelingt leicht

Pro Portion etwa:
2200 kJ/520 kcal
16 g Eiweiß · 23 g Fett
66 g Kohlenhydrate

- Zubereitungszeit: etwa 1 1/2 Stunden (davon etwa 30 Minuten Ruhezeit)

1. Den Quark mit dem Mehl, 1 Prise Salz, dem Vanillezucker, der Zitronenschale, dem Ei und 30 g Butter rasch zu einem glatten Teig verarbeiten. Den Teig etwa 30 Minuten im Kühlschrank ruhen lassen.

2. Die Erdbeeren waschen, von den Stielansätzen befreien und trockentupfen. Die Zuckerwürfel halbieren. Reichlich leicht gesalzenes Wasser in einem breiten Topf zum Kochen bringen.

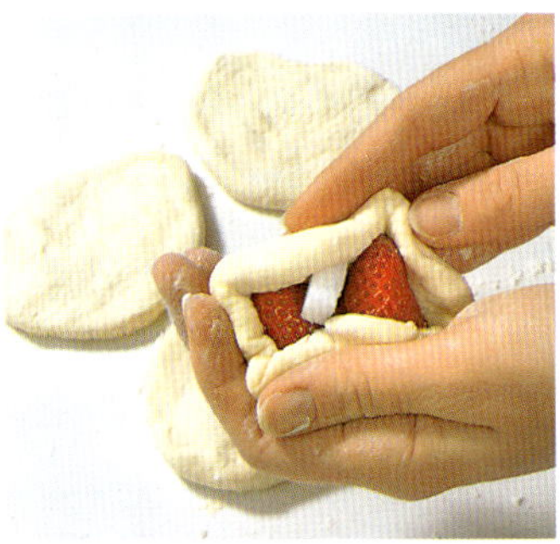

3. Den Teig auf einer leicht bemehlten Arbeitsfläche zu einer Rolle formen und in zwölf Stücke teilen. Die Teigscheiben flach drücken, jeweils 2–4 Erdbeeren und 1/2 Stück Würfelzucker darin einhüllen und zu Knödeln formen. Die Erdbeerknödel in dem Salzwasser etwa 15 Minuten bei schwacher Hitze kochen lassen.

4. Inzwischen die restliche Butter in einer Pfanne erhitzen, die Semmelbrösel darin unter Rühren goldbraun braten. Die Knödel mit einem Schaumlöffel aus dem Wasser nehmen, abtropfen lassen und in den Butterbröseln wenden. Je 3 Erdbeerknödel auf einem Teller anrichten, mit dem Puderzucker bestreuen und sofort servieren.

Omelette Stephanie

Die nach der österreichischen Kronprinzessin benannte Köstlichkeit heißt Schönbrunner Omelette, wenn Sie sie mit heißer Schokoladensauce servieren.

Zutaten für 2 Personen:
3 Eier
60 g Zucker
60 g Mehl
abgeriebene Schale von 1/2 unbehandelten Zitrone
150 g Kompott mit 2–3 Eßl. Saft (zum Beispiel Pfirsichkompott)
1 Eßl. Butter
2 Eßl. Aprikosenmarmelade
1 Eßl. Puderzucker

Schnell

Pro Portion etwa:
2400 kJ/570 kcal
16 g Eiweiß · 19 g Fett
83 g Kohlenhydrate

- Zubereitungszeit: etwa 20 Minuten

1. Den Backofen auf 200° vorheizen. Die Eier trennen, die Eiweiße mit dem Zucker steif schlagen. Die Eigelbe verquirlen und mit dem Schneebesen unter den Eischnee ziehen. Das Mehl und die Zitronenschale darunterrühren.

2. Das Kompott abtropfen lassen, dabei den Saft auffangen. Die Früchte in kleine Würfel schneiden, mit dem Saft erhitzen und warm stellen.

3. Die Butter in einer schweren Pfanne mit feuerfestem Griff erhitzen. Bevor sie zu bräunen beginnt, die Omelettemasse hineingeben und bei schwacher Hitze etwa 1 Minute anbacken lassen. Die Pfanne in den Backofen (Mitte) schieben und die Omelette etwa 3 Minuten backen, bis die Oberseite fest zu werden beginnt.

4. Die Omelette aus dem Backofen nehmen, mit der Marmelade bestreichen und mit dem Kompott belegen. Zusammenklappen, mit dem Puderzucker bestäuben und sofort servieren.

Rahmdalken mit Beeren

Dalken, manchmal auch als Liwanzen bezeichnet, stammen wie so viele Wiener Mehlspeisen aus Böhmen.

Zutaten für 4 Personen:
250 g Beeren (zum Beispiel Erdbeeren oder Himbeeren)
4 Eier
125 g Rahm (saure Sahne)
100 g Mehl
1 Päckchen Vanillezucker
1 Prise Salz
abgeriebene Schale von 1/2 unbehandelten Zitrone
50 g Zucker
2 Eßl. Butter
2 Eßl. Puderzucker

Schnell

Pro Portion etwa:
1700 kJ/400 kcal
12 g Eiweiß · 18 g Fett
48 g Kohlenhydrate

- Zubereitungszeit: etwa 30 Minuten

1. Die Beeren waschen, dabei verlesen und abtropfen lassen. Die Eier trennen. Die Eigelbe mit dem Rahm (der sauren Sahne), dem Mehl, dem Vanillezucker, dem Salz und der Zitronenschale verrühren. Die Eiweiße mit dem Zucker halbfest schlagen und darunterziehen.

2. Eine Dalkenpfanne mit 1 Eßlöffel Butter erhitzen. Die Dalkenmasse achteln. Je 1 Portion in die Vertiefungen der Pfanne setzen und auf jeder Seite etwa 2 Minuten bei mittlerer Hitze goldgelb backen. Auf diese Weise insgesamt 8 Dalken herstellen und warm halten.

3. 4 Dalken auf Teller geben, mit den Beeren füllen und die restlichen Dalken darüber legen. Die Dalken mit dem Puderzucker bestäuben und sofort servieren.

Tip!
Wenn Sie keine Dalkenpfanne haben, können Sie eine Spiegeleierpfanne mit Vertiefungen verwenden oder die Dalken in einer normalen Pfanne, mit Ausstechern begrenzt, backen.

Topfenauflauf

Zutaten für 4 Personen:
4 Eier
100 g Zucker
1 Vanilleschote
2 Eßl. Rum
abgeriebene Schale von 1/2 unbehandelten Zitrone
250 g Magertopfen (Magerquark)
Für die Form: Butter und Mehl
Zum Bestäuben: Puderzucker

Preiswert

Pro Portion etwa:
1100 kJ/260 kcal
17 g Eiweiß · 8 g Fett
28 g Kohlenhydrate

- Zubereitungszeit: etwa 1 Stunde (davon etwa 40 Minuten Backzeit)

1. Die Eier trennen. Die Eigelbe mit der Hälfte des Zuckers schaumig rühren. Die Eiweiße mit dem restlichen Zucker steif schlagen.

2. Die Vanilleschote aufschlitzen, das Mark herauskratzen und mit dem Rum, der Zitronenschale und dem Topfen (Quark) unter die Eigelbcreme rühren.

3. Den Backofen auf 180° vorheizen. Die Fettpfanne des Backofens mit heißem Wasser füllen. Eine große Auflaufform mit Butter einfetten und mit Mehl ausstreuen.

4. Den Eischnee unter die Topfenmasse heben. Die Masse in die Auflaufform füllen. Die Form in die Fettpfanne stellen und den Auflauf im Backofen (Mitte) in etwa 40 Minuten goldgelb backen.

5. Den Topfenauflauf portionieren, mit Puderzucker bestäuben und sofort servieren. Dazu paßt Fruchtsauce.

Im Bild vorne: Rahmdalken mit Beeren
Im Bild hinten: Topfenauflauf

Altwiener Pofesen

In Fett ausgebackene, pikant oder süß gefüllte Weißbrotschnitten sind seit dem Mittelalter als Pofesen (Pavesen) oder »Arme Ritter« bekannt.

Zutaten für 4 Personen:
4 Brötchen vom Vortag oder 8 Scheiben Weißbrot
100 g Johannisbeer- oder Preiselbeermarmelade
200 ml Milch
1 Päckchen Vanillezucker
1 Teel. Zimtpulver
2 Eier
2 Eßl. Puderzucker
Zum Ausbacken:
250 g Butterschmalz oder Öl

Preiswert

Pro Portion etwa:
2700 kJ/640 kcal
18 g Eiweiß · 14 g Fett
110 g Kohlenhydrate

- Zubereitungszeit: etwa 45 Minuten

1. Die Brötchen entrinden und längs halbieren. Jede Brötchenhälfte noch einmal quer bis zur Mitte einschneiden und mit der Marmelade füllen. Oder je 2 Weißbrotscheiben mit der Marmelade bestreichen und zusammensetzen.

2. Die Milch in einem tiefen Teller mit dem Vanillezucker und dem Zimt verrühren. Die Eier in einem zweiten Teller verquirlen. Die Brötchen erst kurz in der Milch einweichen, dann durch die Eier ziehen.

3. Das Butterschmalz oder das Öl in einer tiefen Pfanne erhitzen. Die Pofesen im heißen Fett schwimmend bei mittlerer Hitze von jeder Seite in etwa 3 Minuten knusprig backen.

4. Die Pofesen herausnehmen, auf Küchenpapier abtropfen lassen, mit dem Puderzucker bestäuben und sofort servieren. Dazu paßt Fruchtsauce.

Gebackene Mäuse

Diese süßen »Tierchen« sind besonders bei Kindern beliebt.

Zutaten für etwa 30 Stück:
400 g Mehl
1 Würfel Hefe (42 g)
40 g Zucker
1/4 l lauwarme Milch
40 g Butter
2 Eigelb
1 Prise Salz
4 Eßl. Puderzucker
Zum Fritieren:
1 l Öl oder 1 kg Pflanzenfett

Gelingt leicht

Bei 30 Stück pro Stück etwa:
470 kJ/110 kcal
2 g Eiweiß · 6 g Fett
14 g Kohlenhydrate

- Zubereitungszeit: etwa 1 3/4 Stunden (davon etwa 45 Minuten Ruhezeit)

1. Alle Zutaten für den Teig sollten mindestens Zimmertemperatur haben (optimal sind etwa 36°).

2. Das Mehl in eine Schüssel sieben, eine Mulde hineindrücken und die Hefe hineinbröckeln. 1 Teelöffel Zucker und etwas Milch hinzufügen. Daraus einen Vorteig rühren. Etwas Mehl vom Rand darüber streuen und zugedeckt etwa 15 Minuten an einem warmen Ort gehen lassen, bis das Mehl auf dem Vorteig deutliche Sprünge zeigt.

3. In der restlichen Milch die Butter und den restlichen Zucker auflösen. Die Eigelbe und das Salz unterrühren. Zum Vorteig geben und alles zu einem glatten Teig verkneten. Wenn nötig, noch etwas lauwarme Milch dazugießen. Zugedeckt etwa 30 Minuten an einem warmen Ort gehen lassen, bis sich das Volumen verdoppelt hat.

4. Das Öl oder das Pflanzenfett in einer Friteuse oder einem hohen Topf auf 175° erhitzen.

5. Einen Eßlöffel jeweils in kaltes Wasser tauchen und längliche Teigstücke abstechen. Portionsweise im heißen Fett etwa 2 Minuten fritieren, dann umdrehen und in etwa weiteren 2 Minuten goldgelb backen.

6. Die Teigmäuse herausnehmen, auf Küchenpapier abtropfen lassen und warm stellen.

7. Die Mäuse mit dem Puderzucker bestäuben und servieren. Dazu paßt Kompott oder Fruchtsauce.

Bild oben: Gebackene Mäuse
Bild unten: Altwiener Pofesen

Mohr im Hemd

Mit halbsteif geschlagener Sahne können Sie den »Mohren« weiße »Hemden« überziehen.

Zutaten für 4 Personen:
50 g Blockschokolade
3 Eier
50 g weiche Butter
30 g Puderzucker
1 Päckchen Vanillezucker
50 g feingemahlene Mandeln
30 g Zucker
Für die Formen: Butter und Zucker
Für die Schokoladensauce und zum Garnieren:
150 g Blockschokolade
250 g Sahne

Berühmtes Rezept

Pro Portion etwa:
3300 kJ/790 kcal
15 g Eiweiß · 58 g Fett
52 g Kohlenhydrate

- Zubereitungszeit: etwa 1 1/4 Stunden (davon etwa 40 Minuten Backzeit)

1. Die Blockschokolade in eine feuerfeste Schüssel bröckeln. Die Schüssel in ein heißes Wasserbad stellen und die Schokolade schmelzen lassen.

2. Die Eier trennen. Die Butter mit dem Puderzucker und dem Vanillezucker schaumig rühren. Nach und nach die Schokolade, die Eigelbe und die Mandeln hineinrühren. Die Eiweiße mit dem Zucker nicht zu steif schlagen und darunterziehen.

3. Den Backofen auf 210° vorheizen. Die Fettpfanne mit heißem Wasser füllen. Vier feuerfeste Förmchen von etwa 200 ml Inhalt mit Butter einfetten und mit Zucker ausstreuen.

4. Die Mohrenmasse in die Förmchen verteilen. Die Formen in die Fettpfanne stellen und im Backofen (Mitte) in etwa 40 Minuten backen. Die Mohren sind fertig, wenn an einem hineingestochenen Holzstäbchen kein Teig mehr haften bleibt.

5. Für die Sauce die Blockschokolade im Wasserbad schmelzen lassen. Etwa 3 Eßlöffel Sahne nach und nach einrühren. Die Schokoladensauce erhitzen, aber nicht kochen lassen. Die restliche Sahne steif schlagen.

6. Die fertigen Mohren sofort auf Dessertteller stürzen. Mit der Schokoladensauce und der Sahne garnieren und servieren.

Vanille-pudding

Zutaten für 1 Pudding- oder Terrinenform von etwa 1 l Inhalt:
4 Eier
1/8 l Milch
50 g Butter
1 Prise Salz
80 g Mehl
2 Päckchen Vanillezucker
abgeriebene Schale von 1/2 unbehandelten Zitrone
30 g Zucker
Für die Form:
Butter und Semmelbrösel

Braucht etwas Zeit

Bei 4 Personen pro Portion etwa:
1500 kJ/360 kcal
12 g Eiweiß · 20 g Fett
35 g Kohlenhydrate

- Zubereitungszeit: etwa 1 1/2 Stunden (davon etwa 1 Stunde Kochzeit)

1. Die Eier trennen. Die Puddingform mit Butter einfetten und mit Semmelbröseln ausstreuen.

2. Die Milch mit der Butter und dem Salz zum Kochen bringen. Den Topf vom Herd nehmen, das Mehl auf einmal hineinschütten und zu einem glatten Kloß verrühren. Den Teigkloß unter ständigem Rühren etwa 1 Minute erhitzen.

3. Den heißen Kloß in eine Schüssel geben. Nach und nach die Eigelbe, den Vanillezucker und die Zitronenschale darunterrühren. Die Eiweiße mit dem Zucker steif schlagen und vorsichtig unterheben.

4. Die Masse in die Form füllen und mit einem Deckel oder mit Alufolie verschließen. In einem hohen Topf Wasser zum Kochen bringen. Die Form hineinstellen und den Pudding etwa 1 Stunde kochen lassen.

5. Den Vanillepudding aus der Form stürzen und sofort servieren. Dazu paßt Fruchtsauce.

Im Bild vorne: Mohr im Hemd
Im Bild hinten: Vanillepudding

Reisauflauf mit Äpfeln

Süße Aufläufe als Alternative zum üblichen Mittagessen sind besonders bei Kindern sehr beliebt.

Zutaten für 1 Auflaufform von etwa 1 1/2 l Inhalt:
1/2 l Milch
1 Prise Salz
120 g Rundkornreis
500 g säuerliche Äpfel (zum Beispiel Boskop oder Gravensteiner)
1 Eßl. Zitronensaft
150 g Zucker
1 Teel. Zimtpulver
3 Eier
50 g Butter
abgeriebene Schale von 1/2 unbehandelten Zitrone
1 Päckchen Vanillezucker
50 g Rosinen
Für die Form:
Butter und Semmelbrösel
Zum Bestäuben: Puderzucker

Gelingt leicht

Bei 4 Personen pro Portion etwa:
2600 kJ/620 kcal
14 g Eiweiß · 22 g Fett
92 g Kohlenhydrate

- Zubereitungszeit: etwa 1 1/2 Stunden (davon etwa 45 Minuten Backzeit)

1. Die Milch mit dem Salz zum Kochen bringen. Den Reis einrühren und bei schwacher Hitze etwa 15 Minuten köcheln lassen. Den Herd ausschalten, den Reis etwa weitere 15 Minuten ausquellen und anschließend abkühlen lassen.

2. Die Äpfel waschen, schälen, achteln und von den Kerngehäusen befreien. In feine Scheibchen hobeln oder schneiden. Die Apfelstückchen in eine Schüssel geben und mit dem Zitronensaft beträufeln. Etwa 2 Drittel des Zuckers und den Zimt daruntermischen.

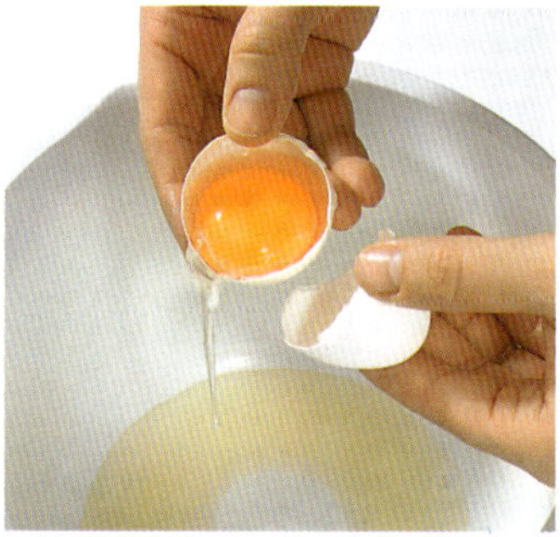

3. Die Eier trennen. Die Eigelbe mit der Butter, dem restlichen Zucker und der Zitronenschale schaumig rühren.

4. Den Reis unter die Eigelbmasse mischen. Die Eiweiße mit dem Vanillezucker steif schlagen und unterziehen.

5. Den Backofen auf 190° vorheizen. Die Auflaufform mit Butter einfetten und mit Semmelbröseln ausstreuen.

6. Die Hälfte der Reismasse in die Form füllen. Die Apfelmasse darüber verteilen. Die Rosinen waschen, trockentupfen und darüber streuen. Die restliche Reismasse darüber streichen.

7. Den Auflauf im Backofen (Mitte) in etwa 45 Minuten goldbraun backen.

8. Den Reisauflauf portionieren, mit Puderzucker bestäuben und warm oder kalt servieren.

Variante:

Schönbrunner Reisauflauf

Die Reismasse wie nebenan beschrieben, aber ohne die Apfelfüllung zubereiten. Die Reismasse vor dem Backen halbieren. 80 g Schokolade im Wasserbad zerlassen und unter eine Hälfte der Reismasse rühren. Zuerst die helle Reismasse in die Form füllen, eine Backoblate auf die Größe der Form zurechtschneiden und darüber legen. Die dunkle Reismasse darauf streichen. Den Auflauf etwa 40 Minuten bei 190° backen. 2 Eiweiße mit 50 g Zucker steif schlagen und den Auflauf mit dieser Schneehaube versehen. Den Reisauflauf bei 220° noch einmal etwa 5 Minuten überbacken und sofort servieren.

Mohnpotize

Potizen waren früher weihnachtliche und österliche Festspeisen. Der Name bezieht sich auf die Zubereitungsart, da das slowenische Wort »potivi« einwickeln bedeutet.

Zutaten für 1 Potize:
Für den Teig:
500 g Mehl
1 Würfel Hefe (42 g)
50 g Zucker
1/4 l lauwarme Milch
150 g weiche Butter
1 Prise Salz
2 Eier
Für die Füllung:
60 g Rosinen
1/4 l Milch
100 g Zucker
250 g gemahlener Mohn
50 g Semmelbrösel
abgeriebene Schale von 1/2 unbehandelten Zitrone
2 Eßl. Rum
1 Teel. Zimtpulver
Für das Blech: Backpapier oder Fett
Für die Arbeitsfläche: Mehl
Zum Bestreichen: 1 Ei

Preiswert

Bei 15 Stück pro Stück etwa:
1600 kJ/380 kcal
10 g Eiweiß · 18 g Fett
44 g Kohlenhydrate

- Zubereitungszeit: etwa 2 1/2 Stunden (davon etwa 45 Minuten Backzeit)

1. Für den Teig das Mehl in eine große Schüssel sieben, in die Mitte eine Mulde drücken. Die Hefe hineinbröckeln, 1 Teelöffel Zucker und etwas Milch hinzufügen. Daraus einen Vorteig rühren.

2. Etwas Mehl vom Rand darüber streuen und den Vorteig zugedeckt etwa 15 Minuten an einem warmen Ort gegen lassen, bis das Mehl über dem Vorteig deutliche Sprünge zeigt.

3. Die Butter mit dem restlichen Zucker und dem Salz schaumig rühren. Die Eier unterrühren.

4. Die Buttermasse mit der restlichen Milch zum Vorteig geben. Mit dem Mehl einen glatten Hefeteig kneten. Wenn nötig, noch etwas lauwarme Milch hineinrühren. Den Teig zugedeckt etwa 30 Minuten an einem warmen Ort gehen lassen.

5. Für die Füllung die Rosinen waschen und abtropfen lassen. Die Milch mit dem Zucker aufkochen lassen. Die Rosinen, den Mohn, die Semmelbrösel, die Zitronenschale, den Rum und den Zimt hinzufügen und alles unter Rühren aufkochen lassen. Die Füllung etwa 10 Minuten auskühlen lassen.

6. Ein Backblech mit Backpapier auslegen oder einfetten.

7. Den Hefeteig nochmals durchkneten und auf einer bemehlten Arbeitsfläche zu einem Rechteck von etwa 30 × 25 cm und etwa 1 cm Dicke ausrollen. Die Mohnfüllung gleichmäßig darauf verstreichen, beide Längsseiten zweimal von außen nach innen umschlagen und eine Potize (einen hohen Stollen) formen.

8. Die Potize auf das Backblech legen und nochmals etwa 20 Minuten gehen lassen.

9. Den Backofen auf 180° vorheizen. Das Ei verquirlen.

10. Die Potize mit dem Ei bestreichen und im Backofen (unten) in etwa 45 Minuten goldbraun backen. Die Mohnpotize auskühlen lassen und so frisch wie möglich servieren.

Variante:
Nußpotize
Anstelle des Mohns die gleiche Menge gemahlene Walnüsse und zusätzlich 1 Päckchen Vanillezucker verwenden. Bei dieser Füllung die Rosinen weglassen.

Eine köstliche Füllung umhüllt von saftigem, lockeren Hefeteig – wer könnte einer Mohnpotize widerstehen?

Bischofsbrot

Zutaten für 1 Kastenkuchenform von etwa 28 cm Länge:
100 g Rosinen
50 g Orangeat
50 g Zitronat
50 g kandierte Kirschen
2 Eßl. Rum
50 g Blockschokolade
250 g weiche Butter
250 g Puderzucker
1 Päckchen Vanillezucker
abgeriebene Schale von 1/2 unbehandelten Zitrone
5 Eier
350 g Mehl
100 g gehackte Mandeln
Zum Bestäuben: Puderzucker
Für die Form: Backpapier

Gelingt leicht

Bei 20 Stück pro Stück etwa:
1300 kJ/310 kcal
5 g Eiweiß · 21 g Fett
38 g Kohlenhydrate

- Zubereitungszeit: etwa 1 1/2 Stunden (davon etwa 1 Stunde Backzeit)

1. Die Rosinen waschen und trockentupfen. Das Orangeat, das Zitronat und die Kirschen in kleine Würfel schneiden und alles zusammen mit den Rosinen in dem Rum marinieren. Die Schokolade in kleine Würfel schneiden.

2. Die Butter mit der Hälfte des Puderzuckers, dem Vanillezucker und der Zitronenschale schaumig rühren. Die Eier trennen. Die Eigelbe nach und nach unterrühren.

3. Den Backofen auf 180° vorheizen. Die Kastenkuchenform mit Backpapier auslegen.

4. Die Eiweiße mit dem restlichen Puderzucker steif schlagen und zur Eigelbmasse geben. Das Mehl, die marinierten Früchte mit dem Rum, die Mandeln und die Schokolade hineinrühren.

5. Den Teig in die Form füllen und im Backofen (unten) etwa 1 Stunde backen. Die Garprobe machen: Wenn kein Teig mehr an einem Holzspießchen haften bleibt, ist der Kuchen fertig.

6. Die Form herausnehmen und den Kuchen auf ein Gitter stürzen. Nach dem Auskühlen das Backpapier abziehen und das Bischofsbrot mit Puderzucker bestäuben.

Biskuitroulade

Zutaten für 1 Roulade:
5 Eier
140 g Zucker
1 Päckchen Vanillezucker
2 Eigelb
100 g Mehl
150 g Aprikosenmarmelade
Für das Blech: Backpapier oder Fett
Zum Einrollen: Zucker
Zum Bestäuben: Puderzucker

Schnell

Bei 12 Stück pro Stück etwa:
790 kJ/190 kcal
5 g Eiweiß · 5 g Fett
31 g Kohlenhydrate

- Zubereitungszeit: etwa 40 Minuten

1. Die Eier trennen. Die Eiweiße mit dem Zucker und dem Vanillezucker steif schlagen.

2. Den Backofen auf 210° vorheizen. Das Backblech mit Backpapier belegen oder einfetten.

3. Nach und nach alle 7 Eigelbe unter den Eischnee rühren. Das Mehl unterziehen. Den Teig fingerdick auf das Backblech streichen.

4. Das Biskuit im Backofen (Mitte) in etwa 10 Minuten goldgelb backen. Mit dem Finger leicht auf die Biskuitplatte tupfen. Wenn nichts haften bleibt, ist sie fertig.

5. Ein Küchentuch mit Zucker bestreuen und das heiße Biskuit darauf stürzen. Eventuell das Backpapier abziehen.

6. Die Biskuitplatte mit der Aprikosenmarmelade bestreichen, mit Hilfe des Tuches aufrollen und 10–15 Minuten auskühlen lassen.

7. Die Biskuitroulade mit Puderzucker bestäuben und servieren.

Im Bild vorne: Biskuitroulade
Im Bild hinten: Bischofsbrot

Rehrücken

Zutaten für 1 Rehrückenform von etwa 26 cm Länge:
6 Eier
140 g Puderzucker
1 Päckchen Vanillezucker
120 g Blockschokolade
40 g Butter
80 g gemahlene Mandeln
80 g Biskuitbrösel, ersatzweise zerbröselter Zwieback
100 g Johannisbeermarmelade
200 g dunkle Kuvertüre
50 g Mandelstifte
Für die Form: Butter und Semmelbrösel

Berühmtes Rezept

Bei 15 Stück pro Stück etwa:
1300 kJ/310 kcal
7 g Eiweiß · 17 g Fett
32 g Kohlenhydrate

- Zubereitungszeit: etwa 2 Stunden (davon etwa 1 Stunde Backzeit)
- Kühlzeit: etwa 2 Stunden

1. Die Eier trennen. In einer Schüssel die Eigelbe schaumig rühren. Nach und nach die Hälfte des Puderzuckers und den Vanillezucker unterrühren. Die Schokolade grob hacken, im Wasserbad schmelzen lassen und unter die Eigelbmasse ziehen.

2. Den Backofen auf 180° vorheizen. Die Rehrückenform mit Butter einfetten und mit Semmelbröseln ausstreuen.

3. Die Eiweiße mit dem restlichen Zucker steif schlagen und unter die Eigelbmasse ziehen. Die Butter zerlassen und mit den Mandeln und den Biskuitbröseln unter die Masse rühren.

4. Den Teig in die Form füllen und im Backofen (Mitte) in etwa 1 Stunde backen. Den Rehrücken aus der Form stürzen und vollständig auskühlen lassen. Das dauert etwa 2 Stunden.

5. Danach zweimal der Länge nach durchschneiden, mit der Marmelade füllen, wieder zusammenfügen und die Oberfläche ebenfalls dünn mit der Marmelade bestreichen.

6. Die Kuvertüre im Wasserbad schmelzen lassen und den Kuchen damit überziehen. Den Rehrücken sofort mit den Mandelstiften spicken und die Glasur dann erst fest werden lassen.

Marmorgugelhupf

Zutaten für 1 Gugelhupfform (Napfkuchenform) von etwa 26 cm Ø:
250 g weiche Butter
200 g Zucker
abgeriebene Schale von 1/2 unbehandelten Zitrone
4 Eier
400 g Mehl
100 g Speisestärke
1 Päckchen Backpulver
1/8 l Milch
20 g Kakaopulver
30 g Puderzucker
Für die Form: Butter und Mehl
Zum Bestäuben: Puderzucker

Gelingt leicht

Bei 20 Stück pro Stück etwa:
1100 kJ/260 kcal
4 g Eiweiß · 13 g Fett
33 g Kohlenhydrate

- Zubereitungszeit: etwa 1 1/2 Stunden (davon etwa 1 Stunde Backzeit)

1. Die Butter schaumig rühren, dabei nach und nach den Zucker und die Zitronenschale hinzufügen. Die Eier einzeln aufschlagen und unterrühren.

2. Den Backofen auf 180° vorheizen. Die Gugelhupfform mit Butter ausstreichen und mit Mehl ausstreuen.

3. Das Mehl mit der Speisestärke und dem Backpulver mischen. Abwechselnd mit der Milch in die Schaummasse rühren.

4. Den Teig dritteln. Den Kakao mit dem Puderzucker mischen und mit 1 Drittel des Teiges verrühren.

5. Die Hälfte der hellen Teigmasse in die Gugelhupfform füllen. Darauf die dunkle Masse geben und zuletzt den restlichen hellen Teig. Eine Gabel spiralenförmig durch den Teig ziehen, damit das Marmormuster entsteht.

6. Den Kuchen im Backofen (Mitte) in etwa 1 Stunde backen. Herausnehmen und nach kurzem Abkühlen stürzen. Nach dem Auskühlen mit Puderzucker bestäuben.

Im Bild vorne: Rehrücken
Im Bild hinten: Marmorgugelhupf

Esterházytorte

Zutaten für 1 Torte von etwa 22 cm Ø:
Für den Teig:
6 Eiweiß
180 g Zucker
1 Päckchen Vanillezucker
abgeriebene Schale von 1 unbehandelten Zitrone
150 g feingemahlene Mandeln
30 g Mehl
Für die Füllung:
4 Blätter weiße Gelatine
1 Ei
1 Prise Salz
1/2 l Milch
50 g Speisestärke
100 g Puderzucker
1 Päckchen Vanillezucker
3 Eßl. Aprikosenmarmelade
Zum Verzieren:
3 Eßl. Krokant
2 Eiweiß
120 g Puderzucker
1 Eßl. Zitronensaft
20 g Kakaopulver
Für das Blech: Backpapier

Berühmtes Rezept

Bei 12 Stück pro Stück etwa:
1400 kJ/330 kcal
9 g Eiweiß · 11 g Fett
52 g Kohlenhydrate

- Zubereitungszeit: etwa 2 Stunden

1. Den Backofen auf 170° vorheizen. Für den Teig die Eiweiße mit dem Zucker, dem Vanillezucker und der Zitronenschale steif schlagen. Die Mandeln mit dem Mehl vermischen und vorsichtig unterheben.

2. Die Masse fünfteln und nacheinander backen. Dazu am besten drei Backbleche verwenden. Jedes Blech mit Backpapier belegen und 5 Kreise von etwa 22 cm Durchmesser vorzeichnen. Jeweils 1 Fünftel des Teiges auf die vorgezeichneten Kreise streichen. Die Tortenböden im Backofen (Mitte) in etwa 10 Minuten backen, dann sofort vom Blech lösen und etwa 10 Minuten auskühlen lassen.

3. Für die Füllung die Gelatine in kaltem Wasser einweichen. Das Ei trennen und das Eiweiß mit dem Salz steif schlagen. 4 Eßlöffel Milch mit der Speisestärke anrühren. Die restliche Milch mit dem Puderzucker, dem Vanillezucker und der angerührten Stärke unter Rühren einmal kräftig aufkochen lassen, danach vom Herd nehmen. Die Gelatine ausdrücken und in der Creme auflösen. Das Eigelb unterrühren und den Eischnee unterheben. Die Vanillecreme etwa 15 Minuten auskühlen lassen.

4. 2 Eßlöffel der Vanillecreme für den Tortenrand beiseite stellen. Die restliche Creme vierteln, mit jedem Viertel einen Tortenboden bestreichen. Die 4 Böden aufeinandersetzen. Die Aprikosenmarmelade leicht erhitzen, den fünften Boden damit bestreichen und auf die anderen Böden setzen.

5. Den Rand der Torte mit der beiseite gestellten Vanillecreme bestreichen und mit dem Krokant bestreuen.

6. Für die Glasur die Eiweiße mit dem Puderzucker und dem Zitronensaft zu einer glatten, dickflüssigen Masse schlagen. 2 Eßlöffel der Glasur mit dem Kakaopulver verrühren. Die Torte mit der restlichen, hellen Glasur überziehen.

7. Aus einem Stück Backpapier eine kleine Tüte formen. Die dunkle Glasur in die Tüte füllen und Längsstreifen im Abstand von etwa 2 cm auf die Torte spritzen. Sofort mit einem Messer in gleichem Abstand wechselseitig zueinander Querstreifen ziehen. Die Glasur erstarren lassen.

Tip!

Krokant können Sie fertig kaufen, selbstgemacht schmeckt er aber besser. Dafür 1 Eßlöffel Butter mit 50 g Zucker und 50 g feingehackten Mandeln unter Rühren erhitzen, bis der Krokant hellbraun ist. Den heißen Krokant sofort auf ein gefettetes Backblech streuen und mit einem Löffel zerbröseln. Den Krokant erkalten lassen und zum Garnieren von Torten und Desserts verwenden.

Die köstliche Esterházytorte sieht toll aus und ist nicht nur in Österreich sehr beliebt.

Dobostorte

Diese feine Torte wurde um die Jahrhundertwende vom ungarischen Zuckerbäcker Dobos kreiert.

Zutaten für 1 Torte von etwa 22 cm Ø:
Für den Teig:
6 Eier
120 g Zucker
1 Päckchen Vanillezucker
abgeriebene Schale von 1/2 unbehandelten Zitrone
60 g Butter
120 g Mehl
Für die Füllung:
1/2 l Milch
1 Päckchen Vanille-Puddingpulver
1 Eigelb
120 g Zucker
250 g Butter
100 g Nougatmasse
Für die Glasur:
200 g Zucker
1 Eßl. Butter · Öl
Für das Blech: Backpapier

Für Gäste

Bei 12 Stück pro Stück etwa:
2300 kJ/550 kcal
8 g Eiweiß · 31 g Fett
58 g Kohlenhydrate

- Zubereitungszeit: etwa 1 3/4 Stunden

1. Die Eier mit dem Zucker, dem Vanillezucker und der Zitronenschale in einen Topf oder eine feuerfeste Schüssel geben und in ein heißes Wasserbad stellen. Die Masse schlagen, bis sie dick und schaumig ist. Die Butter zerlassen und abwechselnd mit dem Mehl unterrühren.

2. Den Backofen auf 190° vorheizen.

3. Die Masse sechsteln und nacheinander backen. Dazu am besten drei Backbleche verwenden. Jedes Blech mit Backpapier belegen und 6 Kreise von etwa 22 cm Durchmesser vorzeichnen. Jeweils ein Sechstel des Teiges auf die vorgezeichneten Kreise streichen. Die Tortenböden im Backofen (Mitte) in etwa 8 Minuten goldgelb backen, danach sofort vom Blech lösen und etwa 10 Minuten auskühlen lassen.

4. Für die Füllung 4 Eßlöffel Milch mit dem Puddingpulver und dem Eigelb verquirlen. Die restliche Milch mit dem Zucker zum Kochen bringen, das Puddingpulver einrühren und unter Rühren etwa 3 Minuten kochen lassen. Den Pudding etwa 30 Minuten erkalten lassen, dabei mehrmals umrühren, damit sich keine Haut bildet.

5. Die Butter schaumig rühren und löffelweise in den Pudding mischen. Den Nougat im Wasserbad schmelzen, etwas abkühlen lassen und unter die Buttercreme ziehen.

6. 3 Eßlöffel Buttercreme für den Tortenrand beiseite stellen. Mit der restlichen Creme 5 Tortenböden bestreichen und aufeinandersetzen. Den Rand mit der beiseite gestellten Creme bestreichen.

7. Für die Glasur den Zucker unter Rühren in einem Topf erhitzen und hellbraun karamelisieren lassen. Mit der Butter verrühren.

8. Ein breites, langes Messer mit Öl bestreichen. Die Karamelglasur sofort damit auf den sechsten Tortenboden streichen. Das Messer eventuell noch einmal einölen. Den Boden sofort, noch bevor die Glasur abkühlt und fest wird, mit dem Messer in 12 Stücke schneiden und auf die Torte legen.

Tip!

Bei der Herstellung der Buttercreme ist es ganz wichtig, daß Creme und Butter die gleiche Temperatur haben. Auch die geschmolzene Nougatmasse wieder auf Zimmertemperatur abkühlen lassen, bevor sie mit der Creme vermischt wird.

Gefüllt mit Buttercreme und mit Karamel glasiert – verwöhnen Sie Ihre Gäste mit der Dobostorte!

Pischingertorte

Zutaten für 1 Torte von etwa 21 cm Ø:
150 g feingemahlene Haselnüsse
200 g weiche Butter
100 g Zartbitterschokolade
1 Paket Karlsbader Oblaten (5 Stück)
200 g Blockschokolade
120 g Zucker
40 g Butter

Gelingt leicht

Bei 12 Stück pro Stück etwa:
1600 kJ/380 kcal
5 g Eiweiß · 25 g Fett
35 g Kohlenhydrate

- Zubereitungszeit: etwa 1 3/4 Stunden (davon etwa 1 Stunde Ruhezeit)

1. Die Haselnüsse in einer Pfanne ohne Fett unter Rühren rösten, bis sie zu duften beginnen. Danach abkühlen lassen.

2. Inzwischen die Butter schaumig rühren. Die Schokolade grob zerkleinern, im Wasserbad schmelzen lassen und langsam unter die Butter rühren. Die Haselnüsse unterrühren. Die Oblaten nebeneinander legen und mit etwa 3 Viertel der Masse bestreichen.

3. Die Oblaten aufeinandersetzen, mit einem Küchenbrett und einem schweren Gegenstand bedecken und im Kühlschrank etwa 1 Stunde ruhen lassen. Danach die Torte mit der restlichen Nußmasse dünn überziehen.

4. Für die Glasur die Blockschokolade in einen Topf bröckeln und mit dem Zucker und etwa 1/8 l kaltem Wasser aufkochen lassen. Unter Rühren etwa 4 Minuten bei schwacher Hitze kochen lassen, bis die Masse dick zu werden beginnt. Dann die Butter unterrühren.

5. Die Glasur etwas abkühlen lassen und die Pischingertorte damit überziehen.

Punschtorte

Zutaten für 1 Springform von etwa 24 cm Ø:
6 Eier
180 g Zucker
150 g Mehl
6 cl Rum
250 g Aprikosenmarmelade
Saft von 1 Orange
Saft von 1 Zitrone
200 g Puderzucker
1 Eßl. Zitronensaft
Himbeersaft
Für die Form: Butter und Semmelbrösel

Braucht etwas Zeit

Bei 12 Stück pro Stück etwa:
1300 kJ/310 kcal
6 g Eiweiß · 4 g Fett
58 g Kohlenhydrate

- Zubereitungszeit: etwa 2 1/4 Stunden (davon etwa 45 Minuten Backzeit und 30 Minuten Ruhezeit)

1. Den Backofen auf 180° vorheizen. Den Boden der Springform mit Butter bestreichen und mit Semmelbröseln bestreuen.

2. Die Eier trennen. Die Eigelbe mit 100 g Zucker schaumig rühren. Die Eiweiße mit 50 g Zucker steif schlagen und unterziehen. Das Mehl unterheben.

3. Den Biskuitteig in die Form füllen und im Backofen (Mitte) in etwa 45 Minuten goldgelb backen, danach etwa 10 Minuten auskühlen lassen.

4. Die Torte aus der Form nehmen und zweimal quer durchschneiden. Den mittleren Boden in etwa 2 cm große Würfel schneiden. Den oberen und den unteren Boden mit 1 Drittel des Rums beträufeln und mit 150 g Aprikosenmarmelade bestreichen. Den unteren Boden wieder in die Form legen.

5. Das zweite Drittel Rum mit dem Orangensaft, dem Zitronensaft, 1 Eßlöffel Marmelade und dem restlichen Zucker aufkochen lassen. Die Biskuitwürfel untermischen. Diese Füllung auf den Tortenboden geben und dann den oberen Boden darauf setzen.

6. Die Torte mit einem Küchenbrett und einem schweren Gegenstand bedecken und im Kühlschrank etwa 30 Minuten ruhen lassen. Danach mit der restlichen Marmelade überziehen.

7. Für die Glasur den Puderzucker mit dem restlichen Rum, dem Zitronensaft und einigen Tropfen Himbeersaft glattrühren. Die Torte damit überziehen.

Im Bild vorne: Punschtorte
Im Bild hinten: Pischingertorte

Sachertorte

Die berühmteste der österreichischen Torten soll der 16jährige Kochlehrling Franz Sacher 1832 erstmals gebacken haben.

Zutaten für 1 Springform von etwa 24 cm Ø:
Für den Teig:
130 g Blockschokolade
6 Eier
130 g weiche Butter
100 g Puderzucker
1 Päckchen Vanillezucker
100 g Zucker
130 g Mehl
4 Eßl. Aprikosenmarmelade
Für die Glasur:
250 g Blockschokolade
300 g Zucker
Zum Garnieren:
Sahne
Für die Form: Backpapier

Braucht etwas Zeit

Bei 12 Stück pro Stück etwa:
2300 kJ/550 kcal
7 g Eiweiß · 23 g Fett
76 g Kohlenhydrate

- Zubereitungszeit: etwa 2 1/2 Stunden (davon etwa 1 Stunde Backzeit)
- Ruhezeit: etwa 20 Stunden

1. Für den Teig die Schokolade in einen Topf oder eine feuerfeste Schüssel bröckeln. In ein heißes Wasserbad stellen und die Schokolade schmelzen lassen.

2. Den Backofen auf 180° vorheizen. Den Boden der Springform mit Backpapier auslegen.

3. Die Eier trennen. Die Butter mit dem Puderzucker und dem Vanillezucker schaumig rühren. Nach und nach die Eigelbe und die Schokolade einrühren. Die Eiweiße mit dem Zucker nicht zu steif schlagen und unterziehen. Das Mehl darüber sieben und vorsichtig mit der Masse verrühren. Je kürzer dieser Vorgang dauert, desto flaumiger wird die Torte.

4. Die Masse in die Form füllen, glattstreichen und im Backofen (Mitte) etwa 1 Stunde backen. Die Torte ist fertig, wenn sie auf einen leichten Fingerdruck nachgibt, die Druckstelle aber nicht sichtbar bleibt.

5. Die Torte in der Form vollständig auskühlen lassen. Danach die Torte mit einem spitzen Messer vom Seitenrand lösen und dabei eventuell die Tortenoberseite glattschneiden. Die Torte stürzen und das Backpapier entfernen.

6. Die Aprikosenmarmelade leicht erwärmen, die Torte damit messerrückendick überziehen. Die Torte einige Stunden, am besten über Nacht, an einem kühlen Ort ruhen lassen.

7. Für die Glasur die Schokolade grob hacken und dann in eine große, feuerfeste Schüssel geben. Den Zucker und 1/8 l Wasser hinzufügen und unter ständigem Rühren zum Kochen bringen. Die Glasur dann bei schwacher Hitze unter ständigem Rühren etwa 5 Minuten kochen lassen, bis sie dickflüssig zu werden beginnt.

8. Die Schüssel vom Herd nehmen, und die Glasurmasse mit einem Löffelrücken oder einem Holzspatel an der Schüsselwand hin und her streichen (tablieren), bis die gewünschte Konsistenz zum Überziehen erreicht ist. Dabei immer wieder Glasurmasse vom Schüsselboden an die Schüsselwand streichen und die gerührte Masse von der Schüsselwand wieder in die übrige Glasur zurückschaben. Die Glasur soll dickflüssig, glänzend und lippenwarm sein. Falls die Glasur zu kühl oder zu zähflüssig geworden ist, bei schwacher Hitze wieder erwärmen oder eventuell einige Tropfen Wasser hinzufügen.

9. Die Schokoladenglasur auf einmal über die Torte gießen und mit einem Glasurmesser mit wenigen Strichen gleichmäßig und nicht zu dünn verteilen. Ebenso den Tortenrand damit überziehen. Die Torte auf einen Tortenteller geben und einige Stunden stehenlassen.

10. Ein Messer in warmes Wasser tauchen. Die Sachertorte damit in 12 Stücke schneiden. Auf Desserttellern mit je 1 Eßlöffel ungesüßter, geschlagener Sahne servieren.

Die echte Sachertorte können Sie nur im »Hotel Sacher« in Wien kaufen. Aber wetten, daß Sie darauf verzichten, wenn Sie diese hier erst einmal probiert haben?

Apfelstrudel

Zutaten für 1 Strudel:
200 g Mehl
1 Ei
2 1/2 Eßl. Öl
1 Prise Salz
60 g Rosinen
2 Eßl. Rum
140 g Butter
80 g Semmelbrösel
1 1/2 kg säuerliche Äpfel (zum Beispiel Boskop oder Gravensteiner)
etwa 100 g Zucker
1 Teel. Zimtpulver
Für die Arbeitsfläche: Mehl
Zum Bestäuben: Puderzucker

Berühmtes Rezept

Bei 12 Stück pro Stück etwa:
1300 kJ/310 kcal
3 g Eiweiß · 14 g Fett
43 g Kohlenhydrate

- Zubereitungszeit: etwa 2 1/4 Stunden (davon etwa 40 Minuten Backzeit)

1. Das Mehl hügelartig auf eine Arbeitsfläche sieben, in die Mitte eine Mulde drücken. Das Ei hineinschlagen, 2 Eßlöffel Öl und das Salz hinzufügen. Alles von außen nach innen zu einem glatten Teig verkneten. Dabei nach und nach etwa 5 Eßlöffel lauwarmes Wasser dazugießen, so daß der Teig eine mittelfeste Konsistenz erhält.

2. Den Strudelteig mit dem Handballen etwa 15 Minuten durchkneten, bis er seidig glänzt. Den Teig zu einer Kugel formen, mit dem restlichen Öl bestreichen und unter einer umgestülpten Schüssel etwa 30 Minuten ruhen lassen.

3. Inzwischen für die Füllung die Rosinen waschen, trockentupfen, mit dem Rum beträufeln und zugedeckt beiseite stellen. In einer Pfanne 40 g Butter erhitzen, die Semmelbrösel darin unter Rühren goldbraun braten und auskühlen lassen.

4. Die Äpfel waschen, schälen, von den Kerngehäusen befreien und in ganz dünne Scheibchen hobeln oder schneiden. Den Zucker mit dem Zimt vermischen. Wenn die Äpfel sehr sauer sind, etwas mehr Zucker verwenden.

5. Ein großes Tuch gleichmäßig mit Mehl bestäuben. Den Teig darauf so dünn wie möglich ausrollen. Dann mit beiden bemehlten Handrücken vorsichtig anheben und langsam von der Mitte nach außen ziehen. Der Teig soll so durchsichtig sein, daß man eine daruntergelegte Zeitung lesen könnte. Die dicken Teigenden wegschneiden.

6. Die restliche Butter zerlassen. Ein Backblech mit einem Teil davon dünn bestreichen und den Rest beiseite stellen. Den Backofen auf 200° vorheizen.

7. Die Butterbrösel auf etwa 2 Drittel des Teiges streuen, dabei an den beiden Seiten (den späteren Strudelenden) einen etwa 3 cm breiten Rand freilassen. Das freie Teigdrittel mit einem weiteren Teil der Butter bestreichen. Die Apfelscheiben auf den Bröseln verteilen. Dann den Zimtzucker und die Rosinen darüber streuen.

8. Die Seitenränder der Teigplatte einschlagen, damit die Füllung nicht auslaufen kann. Das Tuch anheben und den Strudel zum freien Drittel hin einrollen. Mit der Nahtstelle nach unten, eventuell in U-Form, auf das Backblech gleiten lassen.

9. Den Strudel mit einem weiteren Teil der Butter bestreichen und im Backofen (Mitte) in etwa 40 Minuten goldbraun backen. Während der Backzeit etwa alle 10 Minuten mit der restlichen Butter bestreichen.

10. Den Apfelstrudel in etwa 5 cm breite Stücke schneiden und mit Puderzucker bestäuben. Am besten schmeckt er, wenn Sie ihn noch warm servieren.

Variante:
Statt mit Äpfeln schmeckt der Strudel auch mit entsteinten Kirschen, Heidelbeeren oder Weintrauben. Bei diesen Obstsorten sollten Sie aber Rosinen und Rum weglassen.

Diesen köstlichen Apfelstrudel können Sie zum Kaffee, aber auch als Dessert servieren.

Topfenstrudel

Zutaten für 2 kleine Strudel:
200 g Mehl
4 Eier
1 1/2 Eßl. Öl
Salz
50 g Rosinen
1 Eßl. Rum
500 g Topfen (Quark, 20 % Fett)
100 g Zucker
1/2 Päckchen Vanillezucker
abgeriebene Schale von 1/2 unbehandelten Zitrone
80 g Butter
2 Eßl. Semmelbrösel
Für den Guß:
1/8 l Milch
1 Eigelb
1 Eßl. Zucker
1/2 Päckchen Vanillezucker
Für die Arbeitsfläche: Mehl
Zum Bestäuben: Puderzucker

Braucht etwas Zeit

Bei 10 Stück pro Stück etwa:
1500 kJ/360 kcal
13 g Eiweiß · 17 g Fett
37 g Kohlenhydrate

- Zubereitungszeit: etwa 2 Stunden (davon etwa 45 Minuten Backzeit)

1. Das Mehl hügelartig auf eine Arbeitsfläche sieben, in die Mitte des Mehls eine Mulde drücken. 1 Ei hineinschlagen, 1 Eßlöffel Öl und 1 Prise Salz hinzufügen. Dann alles von außen nach innen zu einem glatten Teig verkneten. Dabei nach und nach etwa 3 Eßlöffel lauwarmes Wasser dazugießen, so daß der Teig eine mittelfeste Konsistenz erhält.

2. Den Strudelteig mit dem Handballen etwa 15 Minuten durchkneten, bis er seidig glänzt. Den Teig halbieren, zu 2 Kugeln formen, mit dem restlichen Öl bestreichen und unter einer umgestülpten Schüssel etwa 30 Minuten ruhen lassen.

3. Inzwischen für die Füllung die Rosinen waschen, trockentupfen, mit dem Rum beträufeln und zugedeckt beiseite stellen.

4. Den Topfen (Quark) mit dem Zucker und dem Vanillezucker verrühren. Die restlichen Eier trennen und die Eigelbe hineinrühren. Die Zitronenschale und die Rosinen hinzufügen. Die Eiweiße mit 1 Prise Salz steif schlagen und unterziehen.

5. Die Butter zerlassen. Eine rechteckige, große Backform (zum Beispiel eine Bratenpfanne) dünn damit einfetten, die restliche Butter beiseite stellen.

6. Ein großes Tuch gleichmäßig mit Mehl bestreuen. Eine Teigkugel darauf so dünn wie möglich ausrollen. Dann den Strudelteig mit beiden bemehlten Handrücken vorsichtig anheben und langsam von der Mitte nach außen ziehen. Der Teig soll so durchsichtig sein, daß man eine darunterliegende Zeitung lesen könnte. Die dicken Teigenden wegschneiden.

7. Den Strudelteig dünn mit einem weiteren Teil der Butter bestreichen und mit 1 Eßlöffel Semmelbrösel bestreuen. Die Hälfte der Füllung auf den Teig streichen, dabei ringsum einen etwa 3 cm breiten Rand freilassen. Die seitlichen Ränder einschlagen, das Tuch anheben und den Strudel einrollen. Mit der Nahtstelle nach unten in die Form gleiten lassen.

8. Den Backofen auf 200° vorheizen. Mit der zweiten Teigkugel genauso verfahren und den zweiten Strudel neben den ersten in die Form legen. Beide Strudel mit der restlichen Butter bestreichen. Die Form in den Backofen (Mitte) schieben, und die Topfenstrudel in etwa 45 Minuten goldgelb backen.

9. Für den Guß die Milch mit dem Eigelb, dem Zucker und dem Vanillezucker verquirlen. Die Strudel etwa 15 Minuten vor Ende der Backzeit mit der Eiermilch übergießen.

10. Die Topfenstrudel in etwa 5 cm breite Stücke schneiden und mit Puderzucker bestäuben. Am besten noch warm servieren. Dazu paßt Vanillesauce.

Eine herrlich saftige Quarkfüllung macht den Topfenstrudel zum »Star des Kaffeekränzchens«.

Apfeltascherln

Zur Abwechslung können Sie die Apfeltascherln mit einer Glasur aus 100 g Puderzucker und 2 Eßlöffeln Zitronensaft überziehen.

Zutaten für 10 Stück:
500 g Blätterteig, tiefgekühlt
50 g Rosinen
1 Eßl. Rum
250 g säuerliche Äpfel (zum Beispiel Boskop oder Gravensteiner)
abgeriebene Schale und Saft von 1/2 unbehandelten Zitrone
50 g Zucker
1 Teel. Zimtpulver
1 Ei
Für die Arbeitsfläche: Mehl

Gelingt leicht

Pro Stück etwa:
1000 kJ/140 kcal
4 g Eiweiß · 13 g Fett
27 g Kohlenhydrate

- Zubereitungszeit: etwa 1 1/2 Stunden (davon etwa 20 Minuten Auftauzeit und etwa 20 Minuten Backzeit)

1. Den Blätterteig auftauen lassen. Die Rosinen waschen, trockentupfen und mit dem Rum beträufeln. Die Äpfel waschen, vierteln, von den Kerngehäusen befreien, schälen und in feine Scheibchen hobeln oder schneiden. Die Apfelstückchen mit den Rosinen, der Zitronenschale, dem Zitronensaft, dem Zucker und dem Zimt vermischen.

2. Die Blätterteigplatten auf einer bemehlten Arbeitsfläche auslegen und an den Rändern jeweils leicht überlappen lassen, damit sich ein zusammenhängendes Rechteck ergibt. Den Blätterteig dünn ausrollen und in 10 Quadrate von etwa 10 cm Kantenlänge schneiden.

3. Die Apfelfüllung auf den Teigquadraten verteilen, dabei auf allen Seiten einen schmalen Rand freilassen. Den Backofen auf 200° vorheizen. Ein Backblech mit kaltem Wasser abspülen.

4. Das Ei trennen. Die freien Ränder der Teigquadrate mit dem Eiweiß bestreichen, die Teigstücke zu Tascherln (Täschchen) zusammenklappen und die Ränder mit einer Gabel fest zusammendrücken. Die Apfeltascherln mit dem Eigelb bestreichen, auf das Backblech legen und im Backofen (Mitte) in etwa 20 Minuten goldbraun backen.

Spritzkrapfen

Das köstliche Gebäck kann auch heiß mit Fruchtsauce serviert werden. In diesem Fall die Glasur weglassen und die Krapfen mit Zimtzucker bestreuen.

Zutaten für 12 Stück:
60 g Butter
1 Prise Salz
170 g Mehl
4 Eier
150 g Puderzucker
1 Eßl. Rum oder Zitronensaft
Zum Fritieren:
1 l Öl oder 1 kg Pflanzenfett
Backpapier
Butter
Spritzbeutel mit großer Sterntülle

Braucht etwas Zeit

Pro Stück etwa:
1100 kJ/260 kcal
4 g Eiweiß · 15 g Fett
24 g Kohlenhydrate

- Zubereitungszeit: etwa 1 1/2 Stunden (davon jeweils etwa 30 Minuten Ruhezeit und Backzeit)

1. 1/4 l Wasser mit der Butter und dem Salz in einem Topf aufkochen lassen. Das Mehl auf einmal unter Rühren hinzufügen. Bei schwacher Hitze so lange rühren, bis sich der Teig vom Topfboden und vom Kochlöffel löst. Den Topf vom Herd nehmen, den Teig etwas abkühlen lassen und nach und nach die Eier unterrühren.

2. Den Brandteig etwa 30 Minuten bei Zimmertemperatur ruhen lassen. Das Öl oder das Pflanzenfett in einer Friteuse oder einem hohen Topf auf 175° erhitzen. Das Backpapier in der Größe des Durchmessers der Friteuse oder des Topfes zuschneiden, und das Papier dünn mit Butter bestreichen.

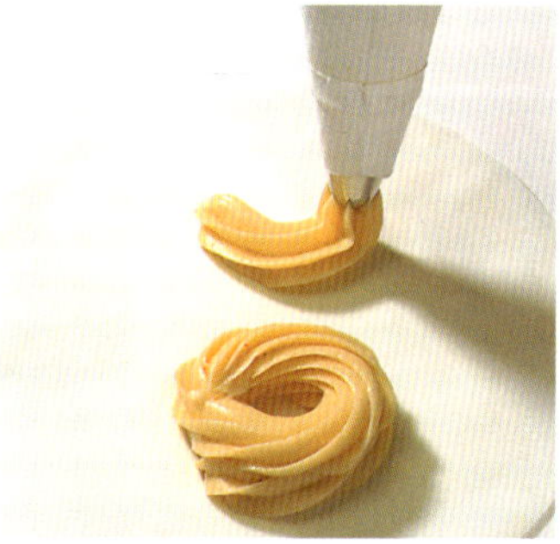

3. Den Teig in den Spritzbeutel füllen und 12 Ringe von etwa 6 cm Durchmesser und etwa 1 1/2 cm Höhe auf das Backpapier spritzen. Die Ringe mit dem Papier nach oben in das Fett gleiten lassen, nach dem Ablösen das Papier entfernen. Die Krapfen nacheinander von jeder Seite in etwa 4 Minuten goldbraun backen.

4. Die Krapfen mit einem Schaumlöffel herausnehmen und auf Küchenpapier abtropfen lassen. Den Puderzucker mit 2 Eßlöffeln heißem Wasser und dem Rum oder dem Zitronensaft zu einer dickflüssigen Glasur verrühren. Die Spritzkrapfen von einer Seite in den Guß tauchen, auskühlen lassen und noch am selben Tag servieren.

Topfen-golatschen

Hinter diesem Namen verbergen sich Plunderteigtaschen mit einer feinen Quarkfüllung.

Zutaten für 12 Stück:
Für den Teig:
550 g Mehl
30 g Hefe
50 g Zucker
1/4 l lauwarme Milch
50 g weiche Butter
1 Päckchen Vanillezucker
1 Ei
1 Prise Salz
abgeriebene Schale von 1/2 unbehandelten Zitrone
200 g kalte Butter
Für die Füllung:
1 Ei
50 g weiche Butter
80 g Zucker
1 Päckchen Vanillezucker
abgeriebene Schale von 1/2 unbehandelten Zitrone
200 g Topfen (Quark, 20 % Fett)
50 g Rosinen
Für die Arbeitsfläche: Mehl
Zum Bestäuben: Puderzucker

Braucht etwas Zeit

Pro Stück etwa:
2000 kJ/480 kcal
8 g Eiweiß · 24 g Fett
55 g Kohlenhydrate

- Zubereitungszeit: etwa 3 1/4 Stunden (davon etwa 1 3/4 Stunden Ruhezeit und etwa 30 Minuten Backzeit)

1. Für den Teig 500 g Mehl in eine große Schüssel sieben und in die Mitte eine Mulde drücken. Die Hefe in die Mulde bröckeln, 1 Teelöffel Zucker und 1–2 Eßlöffel lauwarme Milch hinzufügen. Daraus einen Vorteig rühren.

2. Etwas Mehl vom Rand darüber streuen und zugedeckt etwa 15 Minuten an einem warmen Ort gehen lassen, bis das Mehl über dem Vorteig deutliche Sprünge zeigt.

3. Die weiche Butter mit dem restlichen Zucker und dem Vanillezucker schaumig rühren. Das Ei, das Salz und die Zitronenschale unterrühren.

4. Die Buttermasse mit der restlichen Milch zum Vorteig geben. Mit dem Mehl daraus einen glatten Hefeteig rühren. Wenn nötig, noch etwas lauwarme Milch dazugießen. Den Teig zugedeckt etwa 30 Minuten an einem warmen Ort gehen lassen.

5. Inzwischen die kalte Butter rasch mit dem restlichen Mehl verkneten und kalt stellen.

6. Den Hefeteig auf einer bemehlten Arbeitsfläche etwa 1 cm dick rechteckig ausrollen. Die kalte Buttermischung in die Mitte geben und den Teig von der Schmalseite her zweimal übereinanderschlagen, so daß drei Schichten entstehen.

7. Den Teig mit einem Nudelholz vorsichtig flachklopfen, zu einem Rechteck ausrollen und wieder dreiteilig zusammenlegen. Danach im Kühlschrank etwa 15 Minuten ruhen lassen. Diesen Vorgang noch zweimal wiederholen. Den Teig dazwischen immer etwa 15 Minuten im Kühlschrank ruhen lassen.

8. Für die Füllung das Ei trennen. Die Butter mit dem Eigelb, dem Zucker, dem Vanillezucker und der Zitronenschale schaumig rühren. Den Topfen (Quark) unterrühren. Die Rosinen waschen, trockentupfen und untermischen.

9. Den Plunderteig etwa 1/2 cm dick zu einem Rechteck ausrollen und in 12 Quadrate von etwa 10 cm Kantenlänge schneiden. In die Mitte der Quadrate jeweils etwa 1 Eßlöffel der Topfenfüllung geben. Die Ecken über die Füllung klappen und mit der Hälfte des Eiweiß zusammenkleben.

10. Die gefüllten Teigstücke auf ein ungefettetes Backblech legen. Dabei etwas Abstand lassen, da sie stark aufgehen. Die Golatschen etwa 15 Minuten an einem warmen Ort ruhen lassen. Inzwischen den Backofen auf 180° vorheizen.

11. Die Golatschen mit dem restlichen Eiweiß bestreichen und im Backofen (Mitte) in etwa 30 Minuten goldgelb backen.

12. Die Topfengolatschen mit Puderzucker bestäuben und lauwarm oder kalt servieren.

Die Zubereitung dauert etwas länger, aber das Warten auf die Topfengolatschen lohnt sich bestimmt!

Nußbeugel

Beugel heißt in Österreich gefülltes Gebäck in Hörnchenform.

Zutaten für 10 Stück:
Für den Teig:
250 g Mehl
20 g Zucker
1 Päckchen Vanillezucker
abgeriebene Schale von 1/2 unbehandelten Zitrone
1 Prise Salz
1 Eigelb
100 g weiche Butter
1/2 Würfel Hefe (etwa 20 g)
1/8 l lauwarme Milch
Für die Füllung:
1/8 l Milch
25 g Butter
70 g Zucker
250 g feingemahlene Haselnüsse
50 g Semmelbrösel
1 Eßl. Rum
Zum Bestreichen: 1 Ei
Für die Arbeitsfläche: Mehl
Für das Blech: Backpapier oder Fett

Braucht etwas Zeit

Pro Stück etwa:
1900 kJ/450 kcal
8 g Eiweiß · 29 g Fett
39 g Kohlenhydrate

- Zubereitungszeit: etwa 2 1/2 Stunden (davon etwa 1 Stunde Ruhezeit und etwa 35 Minuten Backzeit)

1. Alle Zutaten für den Teig sollten mindestens Zimmertemperatur (optimal sind etwa 30°) haben. Das Mehl in eine Schüssel sieben. Den Zucker, den Vanillezucker, die Zitronenschale, das Salz und das Eigelb unterrühren.

2. Die Butter in Stücke schneiden und zum Mehl geben. Die Hefe in einem Teil der Milch auflösen und dazugießen. Dann die restliche Milch hinzufügen und alles zu einem festen Teig verkneten. Den Teig etwa 30 Minuten im Kühlschrank ruhen lassen.

3. Für die Füllung die Milch mit der Butter und dem Zucker aufkochen lassen. Die Haselnüsse, die Semmelbrösel und den Rum unterrühren und die Masse etwa 10 Minuten abkühlen lassen.

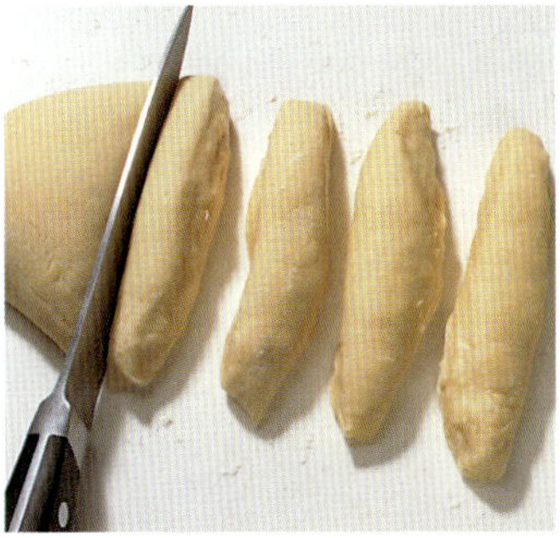

4. Den Teig auf einer leicht bemehlten Arbeitsfläche zu einer Rolle formen und diese in 10 Stücke schneiden.

5. Die Teigstücke zu ovalen Scheiben ausrollen und die Nußfüllung darauf verteilen. Von der Längsseite her aufrollen und schmale Beugel (Hörnchen) formen.

6. Das Ei verquirlen. Die Beugel mit der Hälfte davon bestreichen und trocknen lassen. Danach die Nußbeugel mit dem restlichen Ei bestreichen und wieder trocknen lassen.

7. Inzwischen den Backofen auf 190° vorheizen. Ein Backblech mit Backpapier belegen oder einfetten. Die Beugel auf das Blech legen.

8. Im Backofen (Mitte) in etwa 35 Minuten goldbraun backen. Auf einem Kuchengitter auskühlen lassen.

Variante:

Mohnbeugel

Für die Füllung 1/8 l Milch mit 75 g Zucker aufkochen. 250 g gemahlenen Mohn, 50 g Semmelbrösel, 50 g Rosinen, etwas abgeriebene Zitronenschale und 1 Prise Zimtpulver unterrühren. Die Mohnbeugel sollten etwas breiter als die Nußbeugel geformt werden.

Schlagobers-stanitzel

Unter Schlagobers verstehen die Wiener und Wienerinnen Sahne.

Zutaten für 12 Stück:
4 Eier
80 g Puderzucker
80 g Mehl
250 g Schlagobers (Sahne)
2 Eßl. Puderzucker
2 Eßl. Schokoladenspäne
Für das Blech: Backpapier

Schnell

Pro Stück etwa:
710 kJ/170 kcal
4 g Eiweiß · 7 g Fett
16 g Kohlenhydrate

- Zubereitungszeit: etwa 30 Minuten

1. Den Backofen auf 200° vorheizen. Ein Backblech mit Backpapier belegen. Auf dem Papier 12 Kreise von etwa 12 cm Durchmesser vorzeichnen.

2. Die Eier mit dem Puderzucker schaumig rühren. Das Mehl unterrühren. Die Biskuitmasse auf die vorgezeichneten Kreise sehr dünn aufstreichen.

3. Die Teigscheiben im Backofen (Mitte) in etwa 7 Minuten goldgelb backen.

4. Die Biskuitscheiben sofort ablösen und noch heiß zu Stanitzeln (spitzen Tüten) aufrollen. Danach auskühlen lassen.

5. Das Schlagobers (Sahne) mit dem Puderzucker steif schlagen, in einen Spritzbeutel mit Sterntülle geben und die Tüten damit füllen. Mit den Schokoladenspänen garnieren.

Creme-schnitten

Zutaten für 8 Stück:
500 g Blätterteig, tiefgekühlt
125 g Puderzucker
1 Päckchen Vanillezucker
2 Eßl. Speisestärke
1 Vanilleschote
60 g Zucker
1/4 l Milch
4 Eigelb
3 Blatt weiße Gelatine
250 g Sahne
Für die Arbeitsfläche: Mehl

Für Gäste

Pro Stück etwa:
2200 kJ/520 kcal
8 g Eiweiß · 31 g Fett
52 g Kohlenhydrate

- Zubereitungszeit: etwa 2 Stunden (davon etwa 20 Minuten Auftauzeit und je 15 Minuten Ruhezeit und Backzeit)

1. Den Blätterteig auftauen lassen. Auf einer bemehlten Arbeitsfläche auslegen und an den Rändern leicht überlappen lassen. Zu einer Platte von etwa 3 mm Dicke ausrollen. Ein Backblech mit kaltem Wasser abspülen.

2. Die Teigplatte auf das Blech legen, mit einer Gabel mehrmals einstechen und etwa 15 Minuten ruhen lassen. Inzwischen den Backofen auf 220° vorheizen.

3. Den Teig im Backofen (Mitte) in etwa 15 Minuten backen.

4. Den Puderzucker, den Vanillezucker und 2 Eßlöffel heißes Wasser zu einer dickflüssigen Glasur verrühren.

5. Den Blätterteig vom Blech lösen und halbieren. Eine Hälfte mit der Glasur bestreichen und beide Teile auskühlen lassen.

6. Die Speisestärke mit wenig kaltem Wasser anrühren. Die Vanilleschote aufschneiden, mit dem Zucker in die Milch geben und alles unter Rühren aufkochen lassen. Vom Herd nehmen und die Speisestärke einrühren, danach wieder aufkochen lassen. Etwas Flüssigkeit herausnehmen, mit den Eigelben verquirlen und wieder unterrühren.

7. Die Creme etwas abkühlen lassen und die Vanilleschote herausnehmen. Die Gelatine in kaltem Wasser einweichen, ausdrücken und in die Creme rühren.

8. Die Sahne steif schlagen und unterziehen, sobald die Creme fest zu werden beginnt. Dann die Vanillecreme auf die unglasierte Teigplatte streichen und mit der anderen bedecken.

9. Die Füllung fest werden lassen. Ein sehr scharfes Messer jeweils in kaltes Wasser tauchen und das Gebäck damit in 8 Schnitten schneiden.

Bild oben: Cremeschnitten
Bild unten: Schlagobersstanitzel

Indianer mit Schlag

Zutaten für 10 Stück:
4 Eier
50 g Speisestärke
1 Päckchen Vanillezucker
abgeriebene Schale von 1/2 unbehandelten Zitrone
1 Eiweiß
70 g Zucker
50 g Mehl
100 g Aprikosenmarmelade
200 g dunkle Kuvertüre
250 g Schlagobers (Sahne)
2 Eßl. Puderzucker
Für das Blech: Backpapier oder Fett
10 Papierförmchen von etwa 7 cm Ø

Für Gäste

Pro Stück etwa:
1400 kJ/330 kcal
7 g Eiweiß · 17 g Fett
40 g Kohlenhydrate

- Zubereitungszeit: etwa 1 Stunde

1. Den Backofen auf 200° vorheizen. Ein Backblech mit Backpapier belegen oder einfetten.

2. Die Eier trennen. Die Eigelbe mit der Speisestärke, dem Vanillezucker und der Zitronenschale schaumig rühren. Alle 5 Eiweiße mit dem Zucker steif schlagen und dann unter die Eigelbmasse ziehen. Das Mehl unterrühren.

3. Den Biskuitteig in einen Spritzbeutel mit großer Lochtülle füllen und 20 gleichgroße Halbkugeln auf das Blech spritzen. Im Backofen (Mitte) in etwa 15 Minuten hellgelb backen.

4. Das Backblech aus dem Backofen nehmen und die Halbkugeln, die Indianer, etwa 10 Minuten abkühlen lassen.

5. Die Indianer vom Blech lösen, auf der flachen Seite mit spitzem Messer etwas aushöhlen, mit der Marmelade bestreichen und je 2 Halbkugeln zu 1 Kugel zusammensetzen.

6. Die Schokoladenglasur im Wasserbad schmelzen lassen. Die Indianer damit überziehen.

7. Das Schlagobers (die Sahne) mit dem Puderzucker steif schlagen. Die Indianer in die Papierförmchen setzen, die beiden Hälften trennen, dick mit dem Schlagobers füllen und wieder zusammensetzen. Noch am selben Tag servieren.

Schaumrollen

Zutaten für 8 Stück:
300 g Blätterteig, tiefgekühlt
2 Eigelb
250 g Sahne
1 Päckchen Vanillezucker
2 Eßl. Puderzucker
Für die Arbeitsfläche: Mehl
8 Schaumrollen-(Schillerlocken-) Formen oder Pappe und Alufolie

Gelingt leicht

Pro Stück etwa:
1200 kJ/290 kcal
4 g Eiweiß · 22 g Fett
20 g Kohlenhydrate

- Zubereitungszeit: etwa 1 1/2 Stunden (davon je etwa 20 Minuten Auftau- und Ruhezeit)

1. Den Blätterteig auftauen lassen. Auf einer bemehlten Arbeitsfläche auslegen und die Ränder leicht überlappen lassen. Zu einem Rechteck von etwa 30x16 cm ausrollen. Mit einem Teigrädchen längs 8 Streifen von etwa 2 cm Breite schneiden und diese 15–20 Minuten ruhen lassen.

2. Die Schaumrollen- (Schillerlocken-) Formen mit kaltem Wasser abspülen oder aus fester Pappe Formen kleben und mit Alufolie überziehen. Den Backofen auf 220° vorheizen.

3. Die Eigelbe verquirlen und mit einem Teil davon die Teigstreifen an einem Längsrand bestreichen. Die Streifen so auf die Formen rollen, daß der bestrichene Rand den unbestrichenen etwa 1/2 cm überlappt. Die Ränder fest zusammendrücken und die Rollen mit dem restlichen Eigelb bestreichen.

4. Die Rollen im Backofen (Mitte) in etwa 15 Minuten goldgelb backen. Noch heiß von den Formen lösen und etwa 10 Minuten abkühlen lassen.

5. Die Sahne mit dem Vanillezucker steif schlagen und die Rollen damit füllen. Die Schaumrollen mit dem Puderzucker bestäuben und noch am selben Tag servieren.

Im Bild vorne: Schaumrollen
Im Bild hinten: Indianer mit Schlag

Husaren-krapferln

Zutaten für etwa 50 Stück:
200 g Mehl
100 g Puderzucker
1 Päckchen Vanillezucker
150 g gemahlene Mandeln oder Haselnüsse
2 Eigelb
150 g kalte Butter
150 g Johannisbeermarmelade
Für das Blech: Butter
Für die Arbeitsfläche: Mehl
Zum Bestäuben: Puderzucker
Alufolie

Berühmtes Rezept

Bei 50 Stück pro Stück etwa:
320 kJ/76 kcal
1 g Eiweiß · 5 g Fett
8 g Kohlenhydrate

- Zubereitungszeit: etwa 1 1/2 Stunden (davon etwa 30 Minuten Ruhezeit)

1. Das Mehl auf eine Arbeitsfläche sieben, in die Mitte eine Mulde drücken und den Puderzucker, den Vanillezucker, die Mandeln oder Haselnüsse und die Eigelbe hineingeben. Die Butter in Flöckchen darauf verteilen. Alle Zutaten rasch zu einem glatten Teig verkneten.

2. Den Teig in Alufolie wickeln und etwa 30 Minuten im Kühlschrank ruhen lassen.

3. Den Teig zu etwa 2 cm dicken Rollen formen, dann in etwa fingerdicke Stücke schneiden. Diese zu Kugeln formen. Den Backofen auf 200° vorheizen. Ein Backblech mit Butter bestreichen.

4. Die Teigkugeln auf das Backblech legen und leicht flachdrücken. Mit einem dicken Kochlöffelstiel in jede Kugel eine leichte Vertiefung drücken.

5. Die Krapferln im Backofen (Mitte) in etwa 15 Minuten goldgelb backen.

6. Die Krapferln vom Blech lösen und etwa 10 Minuten auskühlen lassen, danach mit Puderzucker bestäuben. Die Marmelade in die Vertiefungen der Krapferln füllen.

Marillenringe

Zutaten für etwa 30 Stück:
300 g Mehl
120 g Zucker
1 Prise Salz
abgeriebene Schale von 1/2 unbehandelten Zitrone
1 Päckchen Vanillezucker
1 Eigelb
200 g kalte Butter
60 g Puderzucker
200 g Marillenmarmelade (Aprikosenmarmelade)
Für die Arbeitsfläche: Mehl
Alufolie

Gelingt leicht

Bei 30 Stück pro Stück etwa:
560 kJ/130 kcal
1 g Eiweiß · 6 g Fett
19 g Kohlenhydrate

- Zubereitungszeit: etwa 2 Stunden (davon etwa 1 Stunde Ruhezeit)

1. Das Mehl auf eine Arbeitsfläche sieben, in die Mitte eine Mulde drücken. Den Zucker, das Salz, die Zitronenschale, den Vanillezucker und das Eigelb hineingeben. Die Butter in Flöckchen darauf verteilen. Alle Zutaten rasch zu einem glatten Teig verkneten.

2. Den Teig in Alufolie wickeln und etwa 1 Stunde im Kühlschrank ruhen lassen.

3. Den Backofen auf 190° vorheizen. Den Teig auf einer bemehlten Arbeitsfläche etwa 3 mm dick ausrollen. Aus dem Teig je zur Hälfte Scheiben und Ringe von etwa 4 cm Durchmesser ausstechen.

4. Die Scheiben und die Ringe auf einem ungefettetem Backblech im Backofen (Mitte) in etwa 15 Minuten goldgelb backen.

5. Das Gebäck vom Blech nehmen und etwa 10 Minuten abkühlen lassen.

6. Die Ringe mit dem Puderzucker bestäuben. Die Scheiben dünn mit einem Teil der Marmelade bestreichen und die Ringe darauf setzen. In die Mitte der Ringe die restliche Marmelade geben.

Bild oben: Husarenkrapferln
Bild unten: Marillenringe

Vanillekipferln

Zutaten für etwa 40 Stück:
250 g Mehl
200 g feingemahlene Mandeln
150 g Puderzucker
1 Prise Salz
200 g kalte Butter
2 Päckchen Vanillezucker
Für die Arbeitsfläche: Mehl

Berühmtes Rezept

Bei 40 Stück pro Stück etwa:
460 kJ/110 kcal
1 g Eiweiß · 7 g Fett
10 g Kohlenhydrate

- Zubereitungszeit: etwa 2 1/2 Stunden (davon etwa 1 Stunde Ruhezeit)

1. Das Mehl auf eine Arbeitsfläche sieben, mit den Mandeln, 1 Drittel des Puderzuckers und dem Salz vermischen. Die Butter in Flöckchen schneiden und darüber verteilen. Alle Zutaten rasch zu einem glatten Teig verkneten.

2. Den Teig im Kühlschrank etwa 1 Stunde zugedeckt ruhen lassen.

3. Den Backofen auf 180° vorheizen.

4. Den Teig auf einer bemehlten Arbeitsfläche portionsweise zu Rollen von etwa 2 cm Durchmesser formen. Von den Teigrollen fingerdicke Scheiben abschneiden und zu Nudeln mit spitzen Enden von etwa 6 cm Länge formen. Diese zu Kipferln (Hörnchen) biegen.

5. Die Kipferln auf einem ungefettetem Backblech im Backofen (Mitte) in etwa 15 Minuten hellgelb backen.

6. Den restlichen Puderzucker mit dem Vanillezucker mischen und die Kipferln noch heiß vorsichtig darin wenden. Die Vanillekipferln entweder lauwarm oder ausgekühlt servieren.

Pignolikipferln

Zutaten für etwa 30 Stück:
650 g Marzipanrohmasse
180 g Puderzucker
2 Eiweiß
1 Eßl. Zitronensaft
250 g Pignoli (Pinienkerne)
Für das Blech: Backpapier oder Fett

Gelingt leicht

Bei 30 Stück pro Stück etwa:
750 kJ/180 kcal
3 g Eiweiß · 10 g Fett
17 g Kohlenhydrate

- Zubereitungszeit: etwa 1 1/4 Stunden (davon etwa 30 Minuten Ruhezeit)

1. Das Marzipan zerbröseln und mit dem Puderzucker, den Eiweißen und dem Zitronensaft zu einer dicken, zähflüssigen Masse vermischen.

2. Die Pignoli auf eine Arbeitsfläche streuen. Aus der Marzipanmasse etwa 25 kleine Röllchen formen und diese in den Pignoli wälzen, bis sie fest in die Masse eingedrückt sind.

3. Ein Backblech mit Backpapier belegen oder einfetten. Die Röllchen zu Kipferln (Hörnchen) biegen. Etwa 30 Minuten ruhen und trocknen lassen, bis sich eine leichte Haut bildet.

4. Den Backofen auf 200° vorheizen.

5. Die Pignolikipferln im Backofen (Mitte) in etwa 10 Minuten hellbraun backen. Vom Blech nehmen und abkühlen lassen. Das Gebäck ist in einer verschließbaren Dose bis zu 4 Wochen haltbar.

Variante:
Zur Abwechslung können Sie anstelle der Pignoli auch Mandelblättchen verwenden.

Im Bild vorne: Vanillekipferln
Im Bild hinten: Pignolikipferln

Schokolade-kipferln

Zutaten für etwa 50 Stück:
50 g Zartbitterschokolade
250 g Mehl
125 g Zucker
150 g gemahlene Mandeln
abgeriebene Schale von 1 unbehandelten Zitrone
1 Prise Salz
1 Ei
175 g kalte Butter
100 g dunkle Kuvertüre
Für die Arbeitsfläche: Mehl
Für das Blech: Backpapier oder Fett
Alufolie

Braucht etwas Zeit

Bei 50 Stück pro Stück etwa:
380 kJ/90 kcal
1 g Eiweiß · 6 g Fett
8 g Kohlenhydrate

- Zubereitungszeit: etwa 2 Stunden (davon etwa 1 Stunde Ruhezeit und etwa 15 Minuten Backzeit)

1. Die Schokolade reiben. Das Mehl auf eine Arbeitsfläche sieben, in die Mitte eine Mulde drücken. Die Schokolade, den Zucker, die Mandeln, die Zitronenschale, das Salz und das Ei hineingeben. Die Butter in Flöckchen schneiden und auf dem Mehlrand verteilen. Alle Zutaten rasch zu einem glatten Teig verkneten.

2. Den Teig in Alufolie wickeln und im Kühlschrank etwa 1 Stunde ruhen lassen.

3. Den Backofen auf 200° vorheizen. Ein Backblech mit Backpapier belegen oder einfetten.

4. Den Teig auf einer bemehlten Arbeitsfläche portionsweise zu Rollen von etwa 1 1/2 cm Durchmesser formen. Die Rollen jeweils in etwa 6 cm lange Stücke schneiden, diese zu kleinen Kipferln (Hörnchen) biegen und auf das Blech legen.

5. Die Kipferln im Backofen (Mitte) in etwa 15 Minuten backen, danach auskühlen lassen.

6. Die Kuvertüre im Wasserbad schmelzen lassen. Die Schokoladekipferln an den beiden Enden eintauchen und auf einem Kuchengitter trocknen lassen.

Kokosbusserln

Zutaten für etwa 50 Stück:
5 Eiweiß
280 g Puderzucker
1 Eßl. Zitronensaft
250 g Kokosflocken
30 g Mehl
Für das Blech: Backpapier oder Fett

Gelingt leicht

Bei 50 Stück pro Stück etwa:
200 kJ/48 kcal
1 g Eiweiß · 1 g Fett
10 g Kohlenhydrate

- Zubereitungszeit: etwa 1 Stunde (davon etwa 15 Minuten Backzeit)

1. Die Eiweiße mit dem Puderzucker und dem Zitronensaft in einen Topf oder eine feuerfeste Schüssel geben. In ein heißes Wasserbad stellen und die Eiweißmasse mit dem Schneebesen schlagen, bis sie dick und schaumig ist.

2. Die Kokosflocken und das Mehl hineinrühren. Dann die Masse etwa 10 Minuten abkühlen lassen.

3. Den Backofen auf 190° vorheizen. Ein Backblech mit Backpapier belegen oder einfetten.

4. Den Kokosteig in einen Spritzbeutel mit großer Lochtülle füllen. Walnußgroße Teighäufchen auf das Backblech spritzen. Dabei etwas Abstand lassen, da die Busserln beim Backen auseinander laufen.

5. Die Kokosbusserln im Backofen (Mitte) in etwa 15 Minuten backen.

6. Das Gebäck vom Blech lösen und auskühlen lassen. In einer verschließbaren Dose sind die Kokosbusserln bis zu 8 Wochen haltbar.

Im Bild vorne: Schokoladekipferln
Im Bild hinten: Kokosbusserln

Schnee-busserln

Zutaten für etwa 45 Stück:
50 g Orangeat
4 Eiweiß
250 g Zucker
250 g gemahlene Haselnüsse
1 Päckchen kleine Backoblaten
etwa 45 geschälte Mandeln

Läßt sich gut vorbereiten

Bei 45 Stück pro Stück etwa:
340 kJ/81 kcal
2 g Eiweiß · 6 g Fett
8 g Kohlenhydrate

- Zubereitungszeit: etwa 1 Stunde (davon etwa 30 Minuten Backzeit)

1. Das Orangeat sehr fein schneiden oder hacken. Die Eiweiße mit etwas Zucker sehr steif schlagen. Den restlichen Zucker nach und nach einrieseln lassen. Die Haselnüsse und das Orangeat unterziehen.

2. Den Backofen auf 160° vorheizen. Ein Backblech mit kaltem Wasser abspülen.

3. Etwa 45 Oblaten auf dem Blech auslegen und mit je 1 Teelöffel der Eischneemasse bedecken. Je 1 Mandel darauf legen.

4. Die Busserln im Backofen (Mitte) in etwa 30 Minuten backen.

5. Die Schneebusserln vom Blech lösen und auskühlen lassen. In einer verschließbaren Dose können die Busserln etwa 8 Wochen aufbewahrt werden.

Spitzbuben

Zutaten für etwa 30 Stück:
300 g Mehl
100 g Puderzucker
1 Päckchen Vanillezucker
abgeriebene Schale von 1 unbehandelten Zitrone
1 Ei
200 g kalte Butter
200 g Johannisbeermarmelade
Für das Blech: Butter
Für die Arbeitsfläche: Mehl
Zum Bestäuben: Puderzucker
Alufolie

Gelingt leicht

Bei 30 Stück pro Stück etwa:
520 kJ/120 kcal
1 g Eiweiß · 6 g Fett
17 g Kohlenhydrate

- Zubereitungszeit: etwa 2 Stunden (davon etwa 1 Stunde Ruhezeit)

1. Das Mehl auf eine Arbeitsfläche geben und in die Mitte eine Mulde drücken. Den Puderzucker, den Vanillezucker, die Zitronenschale und das Ei hineingeben. Die Butter in Flöckchen schneiden und auf dem Mehlrand verteilen. Alle Zutaten rasch zu einem glatten Teig verkneten.

2. Den Teig in Alufolie einwickeln und anschließend im Kühlschrank etwa 1 Stunde ruhen lassen.

3. Den Backofen auf 200° vorheizen. Ein Backblech mit Butter bestreichen. Den Teig auf einer leicht bemehlten Arbeitsfläche etwa 2 mm dick ausrollen.

4. Jeweils die gleiche Anzahl Plätzchen in beliebiger Form (rund oder dreieckig mit gezacktem Rand) in drei verschiedenen Größen ausstechen und auf das Backblech legen.

5. Die Plätzchen im Backofen (Mitte) in etwa 10 Minuten goldgelb backen.

6. Die Plätzchen vom Blech nehmen. Die großen und die mittleren Plätzchen noch heiß mit der Marmelade bestreichen und zusammen mit den kleinen terrassenförmig zusammensetzen. Die Spitzbuben etwa 10 Minuten auskühlen lassen und dick mit Puderzucker bestäuben.

Variante:
Den Teig etwa 4 mm dick ausrollen und Scheiben und Ringe in gleicher Anzahl von etwa 4 cm Durchmesser ausstechen. In etwa 12 Minuten backen. Nach dem Auskühlen die Scheiben dünn mit etwa 100 g Erdbeermarmelade bestreichen. Die Ringe mit Puderzucker bestäuben und jeweils auf 1 Scheibe setzen.

Im Bild vorne: Schneebusserln
Im Bild hinten: Spitzbuben

Hausfreunde

Zutaten für etwa 45 Stück:
100 g Rosinen
50 g Orangeat
50 g Zitronat
30 g kandierte Kirschen
3 Eier
140 g Puderzucker
1 Päckchen Vanillezucker
100 g gehackte Mandeln
140 g Mehl
Für das Blech: Butter

Läßt sich gut vorbereiten

Bei 45 Stück pro Stück etwa:
250 kJ/60 kcal
1 g Eiweiß · 4 g Fett
10 g Kohlenhydrate

- Zubereitungszeit: etwa 1 Stunde (davon etwa 15 Minuten Backzeit)

1. Die Rosinen waschen und trockentupfen. Das Orangeat, das Zitronat und die Kirschen in kleine Würfel schneiden.

2. Den Backofen auf 220° vorheizen. Ein Backblech mit Butter bestreichen.

3. Die Eier schaumig rühren, dabei nach und nach den Puderzucker und den Vanillezucker unterrühren. Die Rosinen, das Orangeat, das Zitronat, die Kirschen und die Mandeln mit dem Mehl vermischen. Alles vorsichtig unter die Eiermasse ziehen.

4. Den Teig etwa 1 cm dick auf das Backblech streichen und im Backofen (Mitte) in etwa 15 Minuten hellbraun backen.

5. Das Blech herausnehmen und das Gebäck noch heiß in etwa 1 cm breite und 5 cm lange Streifen schneiden. Danach auskühlen lassen. In einer verschließbaren Dose sind die Hausfreunde etwa 4 Wochen haltbar.

Butterbrote

Zutaten für etwa 40 Stück:
120 g Schokolade
100 g Mehl
160 g gemahlene Mandeln
1 Päckchen Vanillezucker
120 g kalte Butter
1 Eigelb
100 g Puderzucker
1 Eßl. Zitronensaft
Alufolie

Gelingt leicht

Bei 40 Stück pro Stück etwa:
360 kJ/86 kcal
1 g Eiweiß · 6 g Fett
7 g Kohlenhydrate

- Zubereitungszeit: etwa 2 3/4 Stunden (davon etwa 2 Stunden Ruhezeit)

1. Die Schokolade reiben. Das Mehl auf eine Arbeitsfläche sieben. Die Schokolade, die Mandeln und den Vanillezucker untermischen. Die Butter in Flöckchen schneiden und darüber verteilen. Alle Zutaten rasch zu einem glatten Teig verkneten.

2. Den Teig zu einer Rolle von etwa 30 cm Länge formen und auf einer Längsseite etwas flach drücken. In Alufolie wickeln und im Kühlschrank etwa 2 Stunden ruhen lassen.

3. Den Backofen auf 190° vorheizen.

4. Den Teig in etwa 40 Scheiben schneiden. Die Teigscheiben auf ein ungefettetes Backblech legen. Dabei genügend Abstand lassen, da die Scheiben beim Backen stark auseinander laufen.

5. Die Plätzchen im Backofen (Mitte) in etwa 12 Minuten backen, danach etwa 10 Minuten auskühlen lassen.

6. Das Eigelb mit dem Puderzucker und dem Zitronensaft schaumig rühren und die Plätzchen damit bestreichen. Die Glasur trocknen lassen. Die Butterbrote sind in einer verschließbaren Dose etwa 4 Wochen haltbar.

Im Bild vorne: Butterbrote
Im Bild hinten: Hausfreunde

Anisscharten

Der gebogenen Form, die an Hobelscharten erinnert, verdankt das zarte Gebäck seinen Namen.

Zutaten für etwa 50 Stück:
4 Eier
120 g Zucker
80 g Mehl
50 g Anissamen
Für das Blech: Butter und Mehl

Raffiniert

Bei 50 Stück pro Stück etwa:
100 kJ/24 kcal
1 g Eiweiß · 1 g Fett
4 g Kohlenhydrate

- Zubereitungszeit: etwa 45 Minuten

1. Den Backofen auf 180° vorheizen. Ein Backblech mit Butter bestreichen und mit Mehl bestäuben.

2. Die Eier mit dem Zucker sehr schaumig rühren. Das Mehl unter die Masse ziehen.

3. Mit einem Eßlöffel Teighäufchen auf das Backblech setzen und zu dünnen, kreisförmigen Plätzchen verstreichen. Mit dem Anis reichlich bestreuen.

4. Die Anisscharten im Backofen (Mitte) etwa 7 Minuten backen. Sie sollen am Rand goldbraun, in der Mitte hellgelb sein.

5. Die Anisscharten portionsweise mit einer Palette oder einem breiten Messer vom Backblech lösen und noch heiß über ein Rollholz oder Flaschen legen. Darauf auskühlen lassen, damit die Scharten ihre typische Bogenform annehmen. Die Anisscharten können in einer verschließbaren Dose oder Schachtel bis zu 4 Wochen aufbewahrt werden.

Mandelbögen

Zutaten für etwa 15 Stück:
2 große Backoblaten
(122 × 202 mm)
5 Eiweiß
1 Päckchen Vanillezucker
1 Teel. Mehl
200 g Zucker
abgeriebene Schale von 1/2 unbe-
handelten Zitrone
300 g Mandelblättchen
Für die Arbeitsfläche: Mehl

Für Gäste

Bei 15 Stück pro Stück etwa:
750 kJ/180 kcal
4 g Eiweiß · 11 g Fett
16 g Kohlenhydrate

- Zubereitungszeit: etwa 1 1/2 Stunden (davon etwa 30 Minuten Ruhezeit und etwa 20 Minuten Backzeit)

1. Die Oblaten in insgesamt 8 lange Streifen schneiden und auf eine bemehlte Arbeitsfläche legen. Dabei an den Rändern der Schmalseiten etwa 1 cm überlappen lassen, damit sich ein langer zusammenhängender Streifen ergibt. Die Nahtstellen mit einem Teil des Eiweiß zusammenkleben.

2. Die restlichen Eiweiße mit dem Vanillezucker zu nicht zu steifem Schnee schlagen. Das Mehl, den Zucker, die Zitronenschale und die Mandelblättchen unterrühren. Diese Masse unter ständigem Rühren im Wasserbad erhitzen, bis sie glänzt.

3. Die Mandelmasse rasch auf dem Oblatenstreifen verstreichen und diesen mit einem scharfen Messer in etwa 10 cm lange Stücke schneiden.

4. Eine Rehrückenform (oder eine andere feuerfeste, runde Form) außen mit kaltem Wasser abspülen. Die Streifen quer über die Rehrückenform legen, damit Bögen entstehen. Die Bögen etwa 30 Minuten trocknen lassen, bis sich eine leichte Kruste bildet.

5. Inzwischen den Backofen auf 160° vorheizen.

6. Die Form mit den Bögen in den Backofen (Mitte) schieben, und die Bögen in etwa 20 Minuten goldbraun backen. Die Mandelbögen von der Form lösen und auskühlen lassen. Sie sind in einer verschließbaren Dose etwa 4 Wochen haltbar.

Im Bild vorne: Mandelbögen
Im Bild hinten: Anisscharten

REZEPT- UND SACHREGISTER

Zum Gebrauch
Damit Sie Rezepte mit bestimmten Zutaten noch schneller finden können, stehen in diesem Register zusätzlich auch beliebte Zutaten wie Mandeln oder Schokolade – ebenfalls alphabetisch geordnet und halbfett gedruckt – über den entsprechenden Rezepten.

IMPRESSUM

Umschlag-Vorderseite: Das Rezept für Topfenpalatschinken finden Sie auf Seite 8.

Die Deutsche Bibliothek – CIP-Einheitsaufnahme:
Wiener Mehlspeisen : traditionell und verlockend: berühmte Torten, verführerische Desserts und Süsses zum Schlemmen ; hinreissende Rezepte, die leicht gelingen / Adelheid Beyreder. – 1. Aufl. – München : Gräfe und Unzer, 1993
(GU-Küchen-Ratgeber)
ISBN 3-7742-1537-5
NE: Beyreder, Adelheid

1. Auflage 1993

Redaktion: Christine Wehling
Layout: Ludwig Kaiser
Typografie: Robert Gigler
Herstellung: J. W. Schmidt
Fotos: Odette Teubner, Dorothee Gödert
Umschlaggestaltung: Heinz Kraxenberger
Reproduktion: Longo, Bozen
Satz und Druck: Appl, Wemding
Bindung: Sellier, Freising
ISBN: 3-7742-1537-5

Adelheid Beyreder
lebt in Wien und ist seit vielen Jahren im Buchhandel tätig. Neben Beruf und Haushalt machte sie das Abitur und studierte Rechtswissenschaften. Seit dem Studienabschluß hat sie wieder mehr Zeit für ihr großes Hobby, das Kochen. Mit Begeisterung sammelt und erfindet sie Rezepte, um sie in der eigenen Küche auszuprobieren. Für diesen Küchenratgeber hat sie die schönsten Rezepte ihrer Wahlheimat zusammengestellt.

Odette Teubner
wurde durch ihren Vater, den international bekannten Food-Fotografen Christian Teubner, ausgebildet. Anschließend widmete sie sich einige Monate der Modefotografie. Heute arbeitet sie ausschließlich im Studio für Lebensmittelfotografie Teubner. In ihrer Freizeit ist sie begeisterte Kinderporträtistin – mit dem eigenen Sohn als Modell.

Dorothee Gödert
arbeitete nach ihrer Ausbildung zur Fotografin zunächst im Bereich Stillife- und Interieurfotografie. Nach einem Aufenthalt in Princeton/USA spezialisierte sie sich auf Food-Fotografie. Sie war bei namhaften Food-Fotografen tätig. Seit April 1988 fotografiert sie im Fotostudio Teubner.